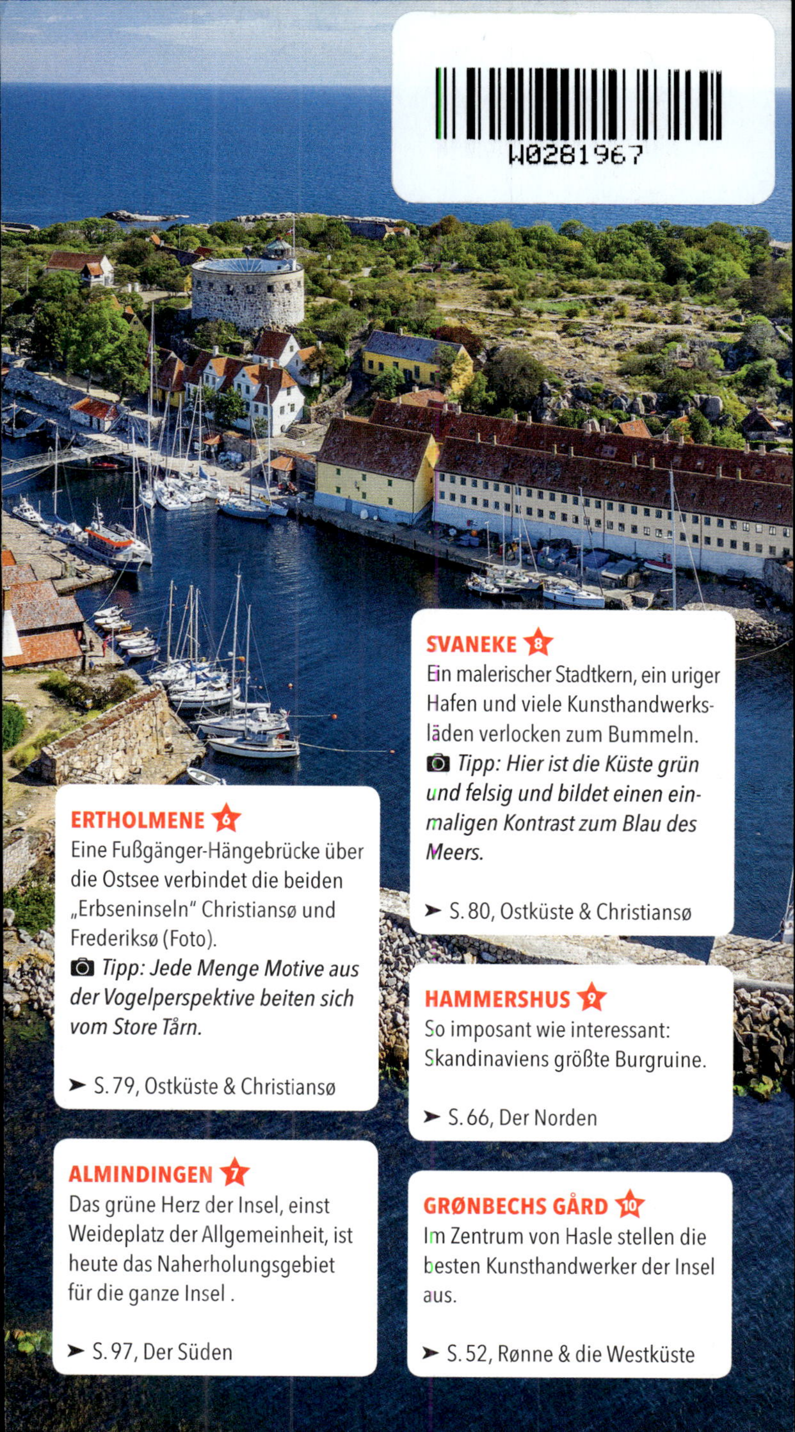

ERTHOLMENE 6
Eine Fußgänger-Hängebrücke über die Ostsee verbindet die beiden „Erbseninseln" Christiansø und Frederiksø (Foto).
Tipp: Jede Menge Motive aus der Vogelperspektive beiten sich vom Store Tårn.

➤ S. 79, Ostküste & Christiansø

ALMINDINGEN 7
Das grüne Herz der Insel, einst Weideplatz der Allgemeinheit, ist heute das Naherholungsgebiet für die ganze Insel .

➤ S. 97, Der Süden

SVANEKE 8
Ein malerischer Stadtkern, ein uriger Hafen und viele Kunsthandwerksläden verlocken zum Bummeln.
Tipp: Hier ist die Küste grün und felsig und bildet einen einmaligen Kontrast zum Blau des Meers.

➤ S. 80, Ostküste & Christiansø

HAMMERSHUS 9
So imposant wie interessant: Skandinaviens größte Burgruine.

➤ S. 66, Der Norden

GRØNBECHS GÅRD 10
Im Zentrum von Hasle stellen die besten Kunsthandwerker der Insel aus.

➤ S. 52, Rønne & die Westküste

INHALT

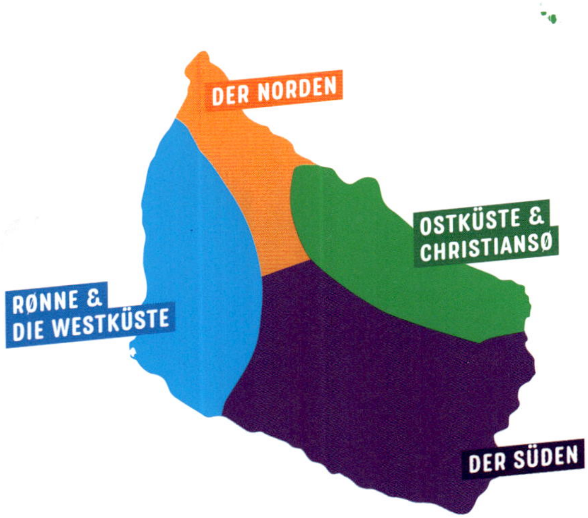
DER NORDEN
OSTKÜSTE & CHRISTIANSØ
RØNNE & DIE WESTKÜSTE
DER SÜDEN

⏲	Besuch planen	🍴	Essen/Trinken
€–€€€	Preiskategorien	🛍	Shoppen
(*)	Kostenpflichtige Telefonnummer	🍸	Ausgehen
		⛱	Top-Strände

(🗺 A2) Herausnehmbare Faltkarte
(🗺 a2) Zusatzkarte auf der Faltkarte
(0) Außerhalb des Faltkartenausschnitts

BESSER PLANEN
MEHR ERLEBEN!

Digitale Extras
go.marcopolo.de/app/bor

MARCO POLO
DIGITALE EXTRAS

DIGITAL NOCH MEHR ERLEBEN

Schneller in Urlaubslaune kommen.

Perfekt organisiert sein – vor, während und nach dem Urlaub.

Mit der MARCO POLO Touren-App und unseren digitalen Angeboten.

Noch mehr Trendziele, Inspiration und aktuelle Infos findest du auf **marcopolo.de**

Werde Teil unserer Reise-Community und folge uns auf **Instagram** und **Facebook!**

DAS BESTE ZUERST

Die ganze Insel ist ein Familienparadies: Kinder am Strand in Sandvig

BEST OF
BEI REGEN

SCHÖN, AUCH WENN ES REGNET

NATUR PUR IM GRANITBLOCK
12 Millionen Euro kostete der Bau des spektakulären Granitblocks, in dem das Museum *Natur Bornholm* in Aakirkeby untergebracht ist. Biologen, Botaniker und Ranger informieren eindrucksvoll über Flora und Fauna der Insel, u. a. mit einem riesigen Aquarium.
➤ S. 97, Der Süden

FLOHMARKT OHNE REGENSCHIRM
Im *Klunserkongen* in Nexø bieten Privatleute in einer 600 m² großen Halle ihre Waren an: Kunst und Keramik, Designerkleidung, stilvolle Kleinmöbel und andere aussortierte Dinge, die du zum Schnäppchenpreis erwerben kannst.
➤ S. 89, Der Süden

NASS WERDEN MIT SPASS
In der *Schwimmhalle* von Gudhjem kannst du dich vom Sprungturm ins Wasser stürzen oder über die Rutschbahn hineingleiten. In der Saison finden sogar Discoabende statt! Und Ruhesuchende finden bei Massagen Entspannung.
➤ S. 76, Ostküste & Christiansø

ALTER KRAM? SPANNENDE ZEITREISE!
Im Museum *Tekniske Samling* bei Allinge kannst du einen ganzen (Regen-)Tag ohne Langeweile verbringen. Du wirst erstaunt sein, wie primitiv damals E-Geräte funktionierten und womit Kinder früher spielten. Vom Trecker über Radios bis hin zu Werkzeugen gibt es alles Mögliche zu sehen.
➤ S. 67, Der Norden

IN BORNHOLMS TROPEN
Im *Sommerfuglepark* in Nexø flattern farbenprächtige Falter. Genau die richtige Therapie gegen *gråvejr,* also Grauwetter, wie die Dänen ungemütliche Witterung nennen (Foto).
➤ S. 89, Der Süden

BEST OF
LOW-BUDGET

FÜR DEN KLEINEN GELDBEUTEL

DAS COOLSTE BAD DER INSEL

Pures Sommervergnügen im *Hasle Havnebad:* Auf dich warten eine Sauna mit Badeplattform, der Sprungturm „fliegender Teppich", eine Terrasse und ein 17 m² großes Kinderbecken – alles kostenlos! Und am Abend kannst du hier traumhafte Sonnenuntergänge erleben.

➤ S. 54, Rønne & die Westküste

BÄRLAUCH UND BLAUBEEREN FÜR NULL CENT PRO PFUND

Im Frühjahr duften ganze Wälder intensiv nach Bärlauch, z. B. im *Døndalen.* Und im Spätsommer locken an vielen Stellen die Heidelbeeren; besonders verbreitet sind sie in den *Paradisbakkerne* (Foto).

➤ S. 69, Der Norden, S. 90, Der Süden

SPANNENDE SCHLAFSACKNÄCHTE

Lust auf einen Sonnenuntergang am Strand und Lagerfeuerromantik? In Boderne kannst du in zwei *Shelter* genannten Hütten direkt am Sandstrand übernachten.

➤ S 95, Der Süden

BURGBESUCH MIT ALLEM DRUM UND DRAN

Die Burgruine *Hammershus* ist mitsamt dem neuen Besucherzentrum und dessen Ausstellungen das ganze Jahr über kostenlos zu besichtigen. Hier erlebst du Inselgeschichte hautnah und das atemraubende Panorama von der Terrasse aus gibt es gratis dazu.

➤ S. 66, Der Norden

WERKSTATTBESUCH BEI DEN „GLASPUSTERN"

Aus glühendem Glas blasen Kunsthandwerker filigrane Vasen und Gläser. In einigen Werkstätten darf man ihnen über die Schulter schauen, z. B. bei *Pernille Bülow* in Svaneke.

➤ S. 81, Ostküste & Christiansø

BEST OF

MIT KINDERN

SPANNENDES FÜR GROSS & KLEIN

DEM BEWEGUNGSDRANG FREIEN LAUF LASSEN

Der *Hasle Aktivitetspark* ist ein Paradies nicht nur für Kinder. Rutschen, Schaukeln, eine Zipline, Freiluft-Fitnessgeräte, Sportfelder und Trainingsparcours sind nur einige der Highlights. Dazu gibt es jede Menge Platz zum Toben und Spielen.

➤ S. 54, Rønne & die Westküste

ALLE VÖGEL SIND SCHON DA

Unter lautem Gepiepe landen Falken, Eulen, Adler und Geier bei *Bornholms Rovfugleshow* auf dem (mit dickem Leder geschützten) Arm der Kinder und zeigen Flugakrobatik vom Feinsten. Dabei fliegen sie dicht über die Köpfe des Publikums und zeigen die Schönheit ihres Gefieders.

➤ S. 51, Rønne & die Westküste

BÄUERLICHER ALLTAG IM 19. JH.

Auf dem *Melstedgård* in Gudhjem ist der Alltag des 19. Jhs. nachgestellt. Hier erfahren Kinder alles über die Nutztierhaltung und können beim Füttern helfen. Wie früher wird das Heu eingebracht und die Bauersfrauen kochen traditionell Obst und Gemüse ein.

➤ S. 75, Ostküste & Christiansø

LOOPINGS ZWISCHEN KÄNGURUS UND LEMUREN

Brændesgårdshaven verbindet Spaßbad, Zoo und Freizeitpark: An heißen Tagen lockt das Schwimmbad mit Rutschbahnen, Wasserspielzeug und Pools, im Zoo zeigen Lemuren ihre Kunststücke, mit der Loopingbahn geht es kopfüber in die Tiefe.

➤ S. 82, Ostküste & Christiansø

ES IST ANGERICHTET!

Die Bornholmer Restaurants sind durchweg kinderfreundlich. In einigen Restaurants speisen Kinder kostenlos. Auch beim Brunch oder beim Buffet gibt es günstige Preise für die Kleinen.

BEST OF

TYPISCH

DAS ERLEBST DU NUR HIER

KUNSTHANDWERKLICHE AUSLESE
Kunsthandwerker sind charakteristisch für Bornholm. Die besten stellen in *Grønbechs Gård* in Hasle aus. Die extravaganten Vasen, die Kunstwerke aus Holz und die handgeschmiedeten Schmuckstücke sind allesamt Unikate.
➤ S. 52, Rønne & die Westküste

ECHTE „BORNHOLMER"
Die echten „Bornholmer" werden jeden Tag frisch und nach traditioneller Art über Erlenholz geräuchert: Die goldfarbenen Heringe gibt es in zahlreichen Räuchereien rund um die Insel. Besonders feine Exemplare genießt du in *Nordbornholms Røgeri* in Allinge.
➤ S. 63, Der Norden

DAS ENDE DER (DÄNISCHEN) WELT
Kein Supermarkt, keine Autos, stattdessen hinter den Häusern einsame Felsklippen namens *Verdens Ende* („Das Ende der Welt"): Die einstigen Kasernen- und Gefängnisinseln *Christiansø und Frederiksø* bilden den östlichsten Punkt Dänemarks. Mit ihren 90 Einwohnern und pittoresken Gassen sind sie beliebte Ziele für Tagesausflüge.
➤ S. 79, Ostküste & Christiansø

IM TAL DES ECHOS
Nirgends in Dänemark sei das Echo besser als im *Ekkodalen* (Foto), heißt es. Probier es aus – am besten mit dem dänischen Echoruf *Hvad drikker Møller?* („Was trinkt Müller?"). Das Echo antwortet mit *Øller!* („Biere!")
➤ S. 98, Der Süden

HAMMEREN IST DER HAMMER
Die Nordspitze der Insel bietet wilde Landschaft, eine der größten Burgruinen Skandinaviens und den Leuchtturm *Hammer Fyr* mit besonders spektakulärer Aussicht aufs Meer.
➤ S. 66, Der Norden

SO TICKT BORNHOLM

Mit weißem Kreuz: der *dannebrog*. Ist es grün, ist es die Bornholmer Flagge

ENTDECKE BORNHOLM

Am charakteristischen Schornstein zu erkennen: Dieses Gebäude war mal eine Fischräucherei

Man nehme die Sandstrände von Langeoog, die Felsküsten von Santorin, die blühenden Landschaften von Madeira, die Gourmetrestaurants von Sylt, die unberührte Natur der Lofoten, den touristischen Trubel von Mallorca und die Radwege von Texel, vermenge das Ganze: Heraus kommt mit Bornholm eine Insel, die all das auf einer Fläche von nur 30 x 40 km zu bieten hat.

Ein Sommertag wie Samt und Seide. Der Wind verweht die Hitze und streichelt die Haut. Die Wolken hängen wie Wattetupfen am prallblauen Himmel. Die ersten Urlauber sind schon morgens mit den Fahrrädern von Dueodde aus gestartet, dort wo sich die Ferienhäuser hinter die Dünen und unter die Kiefern ducken. Ziel der Tour soll diesmal die Ostküste sein. Die Farben der Felder und des Meers leuchten dort wie im mediterranen Süden. Nach jeder Kurve eröffnet sich ein neues Panorama: Segel scheinen plötzlich über den Wiesen zu schweben, „das

ca. 1800–500 v. Chr. Bronzezeit; zahlreiche Hügelgräber

ca. 800–1050 Bornholm wird dänisch

1080–86 König Knud der Heilige christianisiert die Insel

ca. 1255 Burg Hammershus wird als Sitz des Erzbischofs errichtet

1657 Dänemark verliert Bornholm an Schweden

1658 Widerstand gegen Schweden; die Insel wird dänisch

um 1900 Beginn des Tourismus

Meer wird zur zweiten Landschaft, es liegt tief unter den Hügeln". Das hat Hans Henny Jahnn gesagt, der Hamburger Dichter, der lange Zeit auf dieser dänischen Ostseeinsel gelebt hat.

TRADITION TRIFFT AUF URLAUBER

Soll man sich jetzt schon ein Softeis gönnen, so cremig, wie es nur die Dänen hinkriegen? Die Kinder haben vermutlich bald Lust auf einen Hotdog, auch typisch dänisch. Und natürlich muss es von Zeit zu Zeit, also etwa jeden Tag, ein Eis sein. Das alles gehört hier zur Tradition. Und diese Insel lebt von der Tradition und mit der Tradition: Alles Wesentliche, das ist wohl ein Erfolgsgeheimnis von Bornholm, ist geblieben, wie es immer war.

SONNIGES FERIENPARADIES MITTEN IN DER OSTSEE

Weite, naturbelassene Strände, aus dem Meer ragende Klippen, hügelige Wälder; Fahrradwege ohne Ende, idyllische Städtchen, die zum Bummeln einladen; Cafés, Pubs und Räuchereien, unzählige Galerien und Kunstwerkstätten: Bornholm ist ein kleines Ferienparadies. Mitten in der Ostsee genießt die Insel ein mildes, fast mediterranes Klima, sodass Bornholm nicht zu Unrecht als Sonnenscheininsel bezeichnet wird. Gastfreundliche und hilfsbereite Bornholmer gehören mit zum Bild der Insel und geben Bornholm seinen ganz besonderen Charme.

EINE INSEL FÜR KUNST- UND KULTURLIEBHABER

Nach wie vor zieht Bornholm ein ganz besonderes Publikum an, interessierte, aktive, kultivierte, erlebnisorientierte Urlauber. Sie entdecken die unglaublich

1940 Deutsche Truppen besetzen die Insel

Mai 1945 Der deutsche Kommandant will nicht vor den Russen kapitulieren. Die bombardieren daraufhin Rønne und Nexø

2003 Alle Inselorte verlieren ihre Selbstständigkeit und werden zu einer Großgemeinde

2011 Katamaranfähre zwischen Ystad und Rønne

2024 Geplante Fertigstellung des Strandparken in Nexø mit zahlreichen Wassersportmöglichkeiten, künstlichen Riffen, Sandstrand und Promenade

abwechslungsreiche Landschaft gern mit dem Fahrrad – auf einem Radwegenetz von fast 250 km, das gepflegt und bestens beschildert durch verwunschene Spaltentäler, tiefe Wälder, vorbei an Teichen, Seen und Mooren führt. Bornholmurlauber sind vielfach Stammgäste oder werden es bald. Sie mögen die bodenständige Art der Hafen-, Blumen- und sonstigen Feste, sie klügeln sich Touren aus zu einigen der an die 100 Kunsthandwerker aller Branchen. Und sie genießen das anspruchsvolle Kulturangebot, zum Beispiel bei den Musikfestivals im Sommer und Herbst. Zum umfangreichen Kulturangebot gehören natürlich auch die vielen Museen, allen voran das Kunstmuseum, traumhaft schön auf einer Klippe über der Ostsee gelegen.
Vier Rundkirchen, dazu romanische Dorfkirchen, gotische Stadtkirchen und die gewaltige Burgruine Hammershus erzählen von der bewegten Vergangenheit. Die Hanseaten rissen sich Bornholm 1525 unter den Nagel und blieben fast 50 Jahre. 1657 eroberten die Schweden die Insel, doch die Bornholmer stellten sich ihnen entgegen und machten ihre Insel der dänischen Krone zum Geschenk. Heute ist die Insel ein Zentrum der Begegnung vieler Ostseeländer. Ganz besonders die baltischen Staaten pflegen einen regen Kultur- und Bildungsaustausch mit Rønne. Die Deutschen kommen indes seit über 100 Jahren. Schon 1913 erschien die erste deutsche „Beschreibung der interessanten dänischen Felseninsel", herausgegeben von der Badedirektion Allinge.

URLAUBER NEUEN TYPS

Die meisten Bornholmurlauber kommen heute aus Dänemark (vor allem aus Kopenhagen), Polen, Norwegen und Deutschland. Neben Familien sieht man seit einigen Jahren immer häufiger auch Urlauber neuen Typs: So sitzen in den hochklassigen Restaurants wohlhabende Kopenhagener Paare. Sie folgen den Empfehlungen der dänischen Hochglanzmagazine und pilgern der Gaumengenüsse wegen nach Bornholm, wo in den vergangenen Jahren ein ganz besonderer Unternehmergeist entstanden ist. Im Rahmen der Initiative *regional madkultur* („regionale Esskultur") produzieren viele Bauern ökologisch und eine ganze Reihe von Restaurants und kleinen Lebensmittelunternehmen besinnen sich darauf, wie wichtig die Qualität der Erzeugnisse aus Feld, Wald und Meer ist.

AKTIV IN DER NATUR

Daneben sieht man immer mehr Aktivtouristen. Sie fahren Rad, paddeln mit dem Kajak um die Insel, klettern in stillgelegten Granitbrüchen, surfen und tauchen vor der Felsenküste. Bornholm ist auf dem besten Weg, sich zum Outdoorzentrum Dänemarks zu entwickeln: In keiner anderen Region des Landes gibt es auf so kleinem Raum so viele Möglichkeiten, die Natur aktiv zu genießen. Nun liegt es ganz an dir, welche dieser vielen Facetten der Insel du für dich entdecken willst, welches „dein" Bornholm wird.

AUF EINEN BLICK

39.500
Einwohner

Rügen: 63.000, Sylt: 17.500

5.000
Gästebetten

Sylt: 36.000

588 km²
Fläche

Usedom: 445 km²
Rügen: 926 km²

ARBEITSLOSIGKEIT
6,9 %

höchste Arbeitslosenquote des Landes

E-TANKSTELLEN
19

Fehmarn: 5
Norderney: 5

SONNENSTUNDEN PRO JAHR

1.909

München: 1.756

EXPORTPRODUKT SANDUHR

Der weiße Pudersand am Strand von Dueodde ist so fein, dass er zum Bau von Sanduhren verwendet wird

KARTOFFELN

1,3 Mio. kg Speisekartoffeln werden pro Jahr geerntet

ANGEMELDETE AUTOS
14.560 Haushalte mit Auto
7.335 Haushalte ohne Auto

KÜSTENLÄNGE
120 km

BORNHOLM VERSTEHEN

VOM KUTTER IN DIE PFANNE

Die EU zeigt sich nicht gerade als Fisherman's Friend: eingeschränkte Fangquoten, Gesetze gegen leer gefischte Gewässer und Fischereikontrollen. Die traditionellen Kutter der alteingesessenen Familien können schon lange nicht mehr mit den Fabrikschiffen aus den östlichen Ostseeanrainerstaaten mithalten. Zwar landen noch etwa 100 Bornholmer Fischerboote vor allem Dorsch an – aber der Erlös dafür ist niedrig. Hering hingegen, eigentlich ebenso ein Symbol für die Insel wie die Rundkirchen, spielt heute kaum noch eine Rolle. Der nach alter Tradition goldgeräucherte Hering aus den verbliebenen Räuchereien kommt fast ausschließlich aus der Nordsee. Aber unterkriegen lassen sich die Bornholmer Fischer nicht. Wenn sie nicht im großen Stil mitfischen dürfen, dann kommen sie eben auf der Insel ganz groß raus. Bestes Beispiel ist Bo Grønbech Johansen: Sein Fischwagen Hans Fiskebil macht überall halt und versorgt Insulaner und Touristen mit Fisch. Und frischer und nachhaltiger als direkt vom Kutter kann man nicht einkaufen. Also schau einfach mal in den Inselhäfen vorbei!

SO EIN KÄSE!

Was haben Queen Elizabeth, eine Familie in Islamabad und ein Rentnerehepaar in Mecklenburg-Vorpommern gemeinsam? Bei ihnen kommt Bornholmer Blauschimmelkäse auf den Tisch. Die Bornholmer Käserei St. Clemens *(st-clemens.dk)* in Klemensker produziert jährlich 6,5 Mio. kg Käse und trägt diesen unnachahmlichen

Die Bornholmer Variante des *dannebrog* suggeriert Tradition – ist aber ein PR-Gag der 1970er

Geschmack in 35 Länder hinaus. Und was hat der Käse mit Deutschland, Brasilien und Italien gemeinsam? Den Weltmeistertitel! Der Bornholmer Käse ist „World Cheese Champion" und wurde zudem mit zahlreichen lokalen, nationalen und internationalen Ehrungen überhäuft. Und was macht diesen Käse nun so einzigartig? Ausschließlich Bornholmer Kühe liefern die Milch für seine Herstellung. Sie weiden auf den (meer-)salzigen Inselwiesen und in freier Natur.

ICH BIN DER MÄRCHENPRINZ

Prinz Henrik, der 2018 verstorbene Gatte der Königin, war die Lady Di der Bornholmer. Er liebte die Insel und die Insulaner liebten ihn. Wenn der Prinz durch die Bornholmer Wälder jagte, die Bornholmer Vogelwelt studierte und abends im Restaurant Stammershallen saß, dann war er einer von ihnen. Auf Bornholm war Henrik nie ein Prinz. Er trug Parka und Gummistiefel, wenn er mit seinen Hunden am Strand entlangspazierte. Am meisten schätzte der Prinz die Bornholmer Küche und die edlen Restaurants. Hier fühlte sich der gebürtige Franzose wirklich zu Hause. Der Weinkenner war Ehrenmitglied im Bornholmer Weinclub und in Østermarie wurde ein Weg nach ihm benannt: Der Weg vom Aspevej nach Hallegaard heißt seither Prinsgemalens Jagtvej. Weil er die Wälder von Almindingen so liebte, baute ihm die Gemeinde eine eigene Bank inmitten des Wisentgeheges. Als er 2018 starb, versank seine Bank unter Blumen und Kerzen. Auf seiner Beerdigung spielte allerdings nicht Elton John, sondern „nur" ein Bornholmer Organist.

UNTER FALSCHER FLAGGE

Der *dannebrog,* die dänische Fahne, ist eine der ältesten Flaggen der Welt. Die kreativen Bornholmer haben das alte Dänenkreuz jedoch für ihre Insel angepasst: Häufig sieht man auf Bornholm Flaggen, auf denen das weiße Kreuz vor dem roten Hintergrund grün gefärbt ist. Diese Flagge ist allerdings deutlich jünger als ihr Vorbild: Sie wurde in den 1970er-Jahren vom Tourismusgewerbe lanciert. Diese *turistflag* ist aber auch bei Einheimischen beliebt, die damit ihren Regionalstolz ausdrücken wollen.

WASSERSALAMANDER UND WISENT

Gut, Raben und Amseln kannst du auch in heimischen Parks sehen. Aber hast du schon einmal bewusst den Gesang einer Nachtigall gehört oder die Flugkünste von Trottellummen beobachtet? Sie prägen die Bornholmer Vogelwelt genauso wie Rotfußfalken, Kraniche, Bussarde und Nonnengänse. Nimm in jedem Fall ein Fernglas auf die Insel mit und erkunden Sie die einzigartige Natur in den Wäldern von Almindingen, in der Plantage von Rø und in den Paradisbakkerne bei Nexø. Dabei solltest du auch mal einen Blick auf den Boden werfen: Du wirst erstaunt sein, was hier für Reptilien und Kleintiere kreuchen und fleuchen. Mit etwas Glück lässt sich ein Wassersalamander blicken oder eine Eidechse huscht an deinen Schuhen vorbei. Wenn du Geräusche im Gebüsch hörst,

Bornholms Rundkirchen wie die Sankt Ols Kirke dienten einst auch als Festung

sucht da sicherlich ein Igel nach Nahrung. Frösche quaken überall, wo Wasser ist. Und wenn du an der Lichtung neben einem Reh plötzlich eine riesige, büffelartige Kuh stehen siehst, dann ist das ein Wisent. 2012 wurden sieben dieser auch Europäischer Bison genannten Tiere im Wald von Almindingen ausgesetzt, die nun heimisch geworden sind.

WIR SIND DAS VOLK!

Stell dir vor, du könntest einmal im Jahr Angela Merkel und Olaf Scholz auf einem Festplatz auf Sylt treffen und ihnen ordentlich die Meinung pfeifen. Was in Deutschland undenkbar wäre, ist in Dänemark Tradition. Nach dem Vorbild der *almedalsveckan* auf der schwedischen Insel Gotland trifft man sich auf Bornholm seit 2011 einmal im Jahr zur sogenannten *folkemøde (folkemoedet.dk)*. In Innenhöfen alter Bauernhäuser, in Zelten oder im Hafen von Allinge debattieren Minister und Parteiführer mit Journalisten, Lobbyisten und in erster Linie mit dem Volk. Bei Hunderten von kleinen Veranstaltungen kann man die Staatsmacht dann hautnah erleben und ohne Bodyguard und Zensur auch mal ein paar persönliche Fragen stellen. Und die Besucherzahlen zeigen, dass sich die Politiker die Kritik zu Herzen nehmen. Kamen 2011 zur Premiere knapp 10 000 Besucher, waren es zuletzt schon mehr als zehnmal so viele.

BISMARCK UND DIE INSULANER

Schon kurios, welche Gemeinsamkeit sich Otto Fürst von Bismarck und die Bornholmer teilen: Beide sind sie Namensgeber eines Herings. Während der Bismarckhering eingelegt wird, kommt der Bornholmer aus den Räucheröfen der Insel. Der adlige Hering verkümmert in einem Einmachglas, der geräucherte Inselhering darf sich dagegen Bornholmer Gold nennen, weil er nach dem Räuchern eine so anmutige goldgelbe Farbe hat. Schmecken tun sie beide.

KREISFÖRMIGE GOTTESHÄUSER

Sie sind zum Wahrzeichen für Bornholm geworden, die vier knubbeligen

Gotteshäuser aus dem 12. oder 13. Jh., die so ganz anders aussehen als fast alle übrigen Sakral- und Profanbauten auf der Insel. Die Østerlars Kirke im Osten, 5 km von Gudhjem entfernt, ist die größte. In der beinahe ebenso großen Ols Kirke hoch im Norden, zwischen Tejn an der Ost- und Vang an der Westküste, zieht neben der schönen Renaissancekanzel vor allem der eindrucksvolle romanische Taufstein die Kunstinteressierten an. Die Ny Kirke bei Rønne ist die kleinste Rundkirche; viele Besucher halten sie für die schönste. Die Nylars Kirke, auch nur ein paar Kilometer von Rønne entfernt an der Straße nach Aakirkeby, soll über die beste Akustik der vier Rundkirchen verfügen. Die Experten nehmen seit Langem an, dass alle vier Rundkirchen im Mittelalter Wehrkirchen waren: Festung, Lager- und Gotteshaus in einem. Die Kegeldächer, die heute diesen ungewöhnlichen Kirchentyp und damit auch einen Teil der Bornholmer Landschaft prägen, sind erst Jahrhunderte nach dem Bau der Kirchen aufgesetzt worden. *rundkirker.dk*

BEACHLIFE

Das sieht etwas anders als in deutschen Seebädern aus: Weder werden auf Bornholm Strandkörbe vermietet, noch gehört es zum guten Ton, sich hinter Sandburgen mit Muschelverzierungen abzuschotten. Wer textilfrei herumlaufen mag, kann dies tun, ohne großes Aufsehen zu erregen; üblich ist es allerdings weniger an den kleinen Strandbuchten Nordbornholms als vielmehr in den Dünen von

KLISCHEE KISTE

MADE IN BORNHOLM

Wer glaubt, dass die Bornholmer nur Tourismus können, der irrt gewaltig. Bornholmer Produkte sind gefragter denn je! Der Inselkäse von der Meierei St. Clemens kommt sogar bei der Queen im Buckingham Palace auf den Tisch und unzählige Fischfilets von Bornholm Fisk landen auf den Tellern amerikanischer Restaurants. Auch handgefertigte Produkte überzeugen Kunden in aller Welt. Der Schmuck von Sebastian Frost aus Svaneke ziert die Handgelenke der dänischen Königin und die Glasdesignerin Pernille Bülow, ebenfalls aus Svaneke, arbeitet im Rahmen von Fair-Trade-Projekten mit Frauen in Ghana zusammen.

ISLAND IN THE SUN

An der Südspitze Schwedens herrscht immer schlechtes Wetter? Von wegen! Auf Bornholm scheint die Sonne im Durchschnitt 1909 Stunden im Jahr und damit knapp 250 Stunden mehr als in Spanien. Auch den Schirm wirst du nur selten brauchen, denn auf der Insel fällt viel weniger Niederschlag als im restlichen Skandinavien. Die regnerischen westlichen Atlantikwinde kommen in Bornholm nur noch als frische Brise an und die Regenwolken haben sich längst über Jütland entleert.

Dueodde im Süden. An einigen Strandabschnitten muss in manchen Sommern je nach Wetterlage mit angeschwemmtem Tang gerechnet werden; an heißen Tagen kann das zu Geruchsbelästigung führen. Ebenso musst du dich im Süden der Insel von einem aufs andere Jahr auf überraschend unterschiedliche Strandbreiten einstellen. Winterstürme tragen manchmal meterweise Sand ab; im nächsten Frühjahr kann derselbe Strandabschnitt dann wieder dreimal so breit wie im Vorjahr sein.

WALK OF FAME

„Was die in Los Angeles können, das können wir schon lange", dachten sich die Bürger von Østermarie: Sie schufen im Ort ihren ganz eigenen Walk of Fame und benannten Straßen, Plätze, Wege und Parks nach dänischen Vips und Promis. Der wohl bekannteste Straßennamenträger ist Prinz Henrik mit seinem Prinsgemalens Jagtvej. Die Sängerin Gitte Hænning gab der Gitte Hænnings Strand-Allé ihren Namen, auch der dänische Musiker und Schauspieler René Dif bekam seine eigene Gade (Straße) und dem Ballettchoreograf Flemming Flindt wurde mit Flemming Flindts Svanesø sogar ein See gewidmet. Bisher kamen 27 dänische Persönlichkeiten in den Genuss der Namensgebung. Allerdings sind nur einige wenige offiziell anerkannt.

PLATZ IST IN DER KLEINSTEN HÜTTE

In Zeiten von Airbnb und Booking.com ist die Konkurrenz der lokalen Ferienhausvermieter noch größer geworden. Tatsächlich gilt hier: Platz ist in der kleinsten Hütte und so wird alles vermietet, in das ein Bett passt. Im Gegenzug werden bestehende Hotels in noch edlere Schuppen umgebaut. Irgendwo in der Mitte zwischen der billigen Schlafgelegenheit und den elitären Wellnesshotels suchen die klassischen Bornholmurlauber ihr Ferienhaus. Familien und Paare, Surfer und Angler, Singles und Senioren, Herrchen mit Hund, Wanderer und Radfahrer: Sie alle finden ihr persönliches Quartier, das sich ganz ihren Wünschen anpasst, vor allem rund um Dueodde und Sømarken, hinterm Strand von Balka oder in und um Snogebæk. Bornholm kann aber auch außergewöhnlich: Das Hotel Orkide in Rønne ist das kleinste Hotel der Insel.

Hier vermietet Hotelier Poul Pava nur ein Zimmer. Und wer es komfortabel und noch spektakulärer will, der kann auch gleich den zur Ferienwohnung umgebauten Leuchtturm von Svaneke anmieten.

INSIDER-TIPP
Bett beziehen im Leuchtfeuer

SCHIFF AHOI!

Wer im Sommer im Hafen von Rønne mit der Fähre ankommt, kann so manchen luxuriösen Pott bewundern: Der Kreuzfahrttourismus boomt auch auf Bornholm. Sehr zum Unmut der klassischen Inseltouristen übrigens, denn die müssen sich das idyllische Hafenstädtchen dann für ein paar Stunden mit Hunderten Kreuzfahrtpassagieren teilen. Spätestens zum Abendessen sitzen die aber wieder in den edlen Schiffsrestaurants. Beim Auslaufen wird auf der Poolparty getanzt und die Laserstrahlen, die sich im Rhythmus der Musik blitzschnell bewegen und kilometerweit zu sehen sind, tauchen die Skyline von Rønne in bunte Farben und die Bässe lassen das Hafenbecken erzittern. Die Insulaner sehen darüber gelassen hinweg, denn der Kreuzfahrttourismus spült jedes Jahr umgerechnet gut 4 Mio. Euro in die Kassen und schafft neue Jobs. In den nächsten zehn Jahren will man mindestens 33 Mio. zahlungskräftige Kreuzfahrttouristen auf die Insel locken. Dafür wird sogar das Hafenbecken um 10 m vertieft und ein 700 m langer Kreuzfahrtkai gebaut. So waren jedenfalls die Planungen vor Corona – welche Auswirkungen die Pandemie hierauf haben wird, muss die Zukunft zeigen.

Wahrscheinlich die spektakulärste Ferienwohnung der Insel: im Leuchtturm von Svaneke

ESSEN SHOPPEN SPORT

Hygge in der urigen Räucherei oder großzügig im Gartencafé? Du hast die Wahl

ESSEN & TRINKEN

Vorurteile halten sich hartnäckig. Auch das über die Esskultur in Dänemark: Von roten Würstchen und Softeis sei sie dominiert, von Heringshappen und Flaschenbier. Das hat nie gestimmt, jedenfalls nicht so pauschal.

ROTE PØLSER MIT ALLEM

Ja, die Dänen mögen es immer noch vorwiegend deftig und die rote, geröstete Wurst am liebsten mit so viel Röstzwiebeln, Gewürzgurke, Remoulade, Mayo und Ketchup, dass kein Auge und erst recht kein Hemd trocken bleibt. Aber das hat inzwischen Kultstatus und gehört für fast jeden Dänemarkurlauber zum Ritual: Einmal muss es sein, am besten ganz traditionell an einer Bude oder einem Kiosk. Sollte die Wurst dann doch schwer im Magen liegen, ist ein klarer Schnaps genau das Richtige. Sehr empfehlenswert ist der Bornholmer Aquavit, der übrigens auf der Insel destilliert wird.

REGIONAL UND SAISONAL

Der europaweite Trend zu regionalen, frischen und saisonalen Produkten hat sich auch auf Bornholm durchgesetzt. Restaurants kaufen ihre Ware beim Biobauern um die Ecke. Auch das Angebot in den Hofläden und auf den Märkten ist regional und saisonal geprägt. Die Insulaner nennen es *mad med identitet;* gemeint ist Essen und Trinken mit unverfälschten Produkten, wie sie schon die Vorväter benutzt haben. Obst und Gemüse kommen frisch vom Feld, es gibt keine langen Transportwege, der ursprüngliche Geschmack bleibt erhalten und wird nicht durch Aroma- und Chemietricks aufgemotzt. Nur der Hering für die berühmten und beliebten Bornholmer wird heute größtenteils in der Nordsee gefangen.

Poetischer Name für ein rustikales Gericht: *sol over Gudhjem* (li.)

INNOVATIVE PRODUKTE

Die Insulaner nahmen sich des wertvollen Guts ihrer einheimischen Erzeugnisse an und schufen mit ihrem Bewusstsein für Qualität und Nachhaltigkeit eine ganz neue Produktpalette. Da wird cremiges Softeis von der lokalen Meierei produziert oder in der Küche einer einheimischen Bauersfrau hergestellt. Acht Millionen Bienen sind im Einsatz für den Inselhonig. Der ist reich an Vitaminen und Mineralstoffen, da er noch kalt geschleudert wird. Mit Zimt, Ingwer oder Chili aromatisiert, kommt er mal exotisch, mal feurig daher. Berühmt ist auch das Lehnsgaard-Rapsöl aus Aakirkeby; ebenfalls aus diesem Städtchen kommt das Biomehl aus der Valsemølle.

INSIDER-TIPP
8 Mio. Angestellte

Um die Jahrtausendwende waren Biohöfe und regionale Esskultur noch der Geheimtipp einiger müsliorientierter Außenseiter. Inzwischen listet allein das Faltblatt „Regional Madkultur", erhältlich im Velkom-Center in Rønne sowie in vielen Restaurants und Informationsstellen, rund 60 Betriebe auf, die sich dem kulinarischen Erbe verpflichtet fühlen, ganz ohne sauertöpfische Ideologie. *Organic, green,* Bio – das sind heute Begriffe, die man immer häufiger auf den Speisekarten Bornholmer Restaurants und im Selbstverständnis von Köchen und Gastwirten findet. Da werden wilde Kräuter noch mit der Frische des Morgentaus bei aufgehender Sonne gesammelt und landen am Mittag im Suppentopf.

DIE JUNGEN WILDEN UND DIE ALTEINGESESSENEN

Nicht nur in ökologischer, auch in kreativer Hinsicht hat sich das Angebot ungemein erweitert und verbessert. Die Insel steht in Sachen Esskultur

Die ganze Palette der Braukunst aus dem Svaneke Bryghus – so schön kann Durst sein

ganz vorn und macht sie daher gerade für die jungen und kreativen Köche so interessant. Alles begann mit Lars Aabech, der etwas unausgegoren, aber mit viel Witz und Kompetenz und angereichert mit Ideen aus Kopenhagen und der weiten Welt in vielen ambitionierten Restaurants praktizierte. Er inspirierte und motivierte andere Köche. Einige der jungen Wilden gaben ihre Jobs in den Toprestaurants der Welt auf, um sich auf Bornholm zu verwirklichen. Alteingesessene Kochlöffelschwinger beäugten sie zunächst mit Skepsis und kopierten dann langsam, aber stetig ihre Ideen. Diese spickten sie dann wiederum mit eigenen Kreationen. So entstand auf Bornholm in den letzten Jahren eine ganz eigene Küche mit einem Qualitätsbewusstsein der besonderen Art.

HYGGE AUCH BEIM ESSEN

Das Auge isst mit, aber auch die Umgebung muss stimmen. Es ist die Individualität, die hier dominiert. Ein geräucherter Hering schmeckt am besten in den urigen Räuchereien am Hafen. Der Wind bläst frisch und beißt im Gesicht – und du erwärmst dich nicht nur am Blick der untergehenden Sonne, sondern auch, geschützt hinter Plexiglasscheiben, am Gasstrahler, während du hausgemachten Kartoffelsalat mit einem Räucherhering genießt. Auch die kleinen Cafés bieten eine einzigartige Atmosphäre: so *hygge* wie die dickbauchigen Kaffeekannen und die kuscheligen Ohrensessel, die handbemalten Teller und das flackernde Licht der Kerzen.

ALKOHOLFREI ODER HOCHPROZENTIG

Was beim Essen klappt, sollte auch in Sachen Getränke funktionieren, dachten sich einige Insulaner und pflanzten 2000 Weinstöcke in den sandigen Boden. Aus den Trauben keltert man heute den Inselwein. Mit der Zeit kamen Brennereien dazu, die fruchtige Liköre und Whisky destillieren. Mehrere Mikrobrauereien locken mit traditionellen und außergewöhnlichen Biersorten. Natürlich gibt es auch gesunde Getränkevarianten wie den Kefir der Inselmeierei oder die Naturlimonaden und Biosäfte. Guten Appetit, *velbekom,* und Prost, *skål!*

Unsere Empfehlung heute

Vorspeisen & Snacks

FISKEFRIKADELLER
Fischfrikadellen mit Tomatensauce

ØSTERSØLAKS
Geräucherter Wildlachs mit Dillsauce

RØGET SILD
Geräucherter Hering („Bornholmer")

SALTSTEGTE SILD
Im Salzmantel gebackener Hering

MARINERET SILD
Mit Curry marinierter Hering, mit Zwiebeln und Ei serviert

SOL OVER GUDHJEM
Bornholmer mit Butter, Zwiebeln, Schnittlauch und Eigelb

Hauptgerichte

FLÆSKESTEG
Krustiger Schweinebraten mit Rotkohl, karamellisierten Inselkartoffeln und brauner Sauce

BORNHOLMERHANE
Knusprig gebratenes, fleischiges Hähnchen

HAKKEBØF
Hacksteak mit gebratenen Zwiebeln, Kartoffeln und Roter Bete

PLANKEBØF
Rinderfilet, von Kartoffelbrei umkränzt, auf einem naturbelassenen Eichenbrett

TORSK MED GUDHJEMMEDYPPE
Gebackener Dorsch mit einer Sauce, aus Räucherspeck und Zwiebeln

Desserts

KRANSEKAGE
Kranzkuchen mit Marzipan und Zuckerguss

KANELSNEGLE
Zimtschnecke mit Zuckerguss

LAGKAGE
Mehrschichtige Sahnetorte

BORNHOLMSKE RUGKIKS
Süßes Roggenknäckebrot

SHOPPEN & STÖBERN

ES GIBT KEIN SCHLECHTES WETTER ...

... nur schlechte Kleidung: Der Spruch könnte von einem Bornholmer geprägt worden sein – und so findest du in fast jedem Ort einen Outdoorladen wie z. B. die *Butik Maritim (Rebslagervej 7 | butik-maritim.dk)* in Tejn. Die Outdoorsachen, die du auf der Insel kaufen kannst, sind von Topqualität. Wind- und wetterfeste Jacken gehören ebenso dazu wie hochwertige Gummistiefel und dicke Wollsocken. Die meisten Läden führen auch Zelte, Ausrüstung für Fahrradfahrer, Jagdbekleidung und Angelsachen. Den gelben Friesennerz suchst du vergeblich, denn hier dominiert auch der modische Aspekt.

PANTONS ERBEN

Ikea ist der beste Beweis dafür, wie sehr wir den skandinavischen Stil lieben. Auf Bornholm ist er noch exklusiver. In den *Genbrug*-Läden findest du hochwertiges dänisches Design zu Schnäppchenpreisen: Stühle im Stil von Verner Panton und die typischen runden Lampen nach Louis-Poulsen-Art warten auf dich. *Kirkens Korshærs (Storegade 13)* in Aakirkeby hat eine Fülle von dänischem Porzellan, nicht selten auch Stücke von Royal Copenhagen oder Aida. Auch die Inselkunsthandwerker locken mit Unikaten und die typisch hellen dänischen Textilien bekommst du sogar im Supermarkt.

GEWICHTSZUNAHME PROGRAMMIERT

Wenn du bei süßen Sachen schwach wirst, bekommst du im Bornholm-Urlaub garantiert Gewichtsprobleme. An jeder Ecke lauert die Versuchung – und kaum irgendwo ist sie exklusiver, cremiger und kalorienhaltiger. Die Bonbon- und Schokoladenhersteller der Insel wissen, wie sie Urlauber be-

Nordisches Design findest du auf der Insel in Edel (li.) und in Vintage (re.)

INSIDER-TIPP
Schwarzes Gold zum Dahinschmelzen

glücken. Schokoladen mit gezuckerten Blüten, mit feinem Blattgold überzogene Lakritze aus Süßholz (von Lakrids by Bülow in Svaneke) und handgefertigte Bonbons sind auch ein ideales Mitbringsel für die Daheimgebliebenen. Manche Hersteller lassen sich auch über die Schulter schauen und du kannst deine eigenen Süßigkeiten herstellen.

NICHT VON DER STANGE

Bornholm bietet auch das, was du eigentlich eher auf der Düsseldorfer Kö oder dem Berliner Ku'damm erwarten würdest: hochwertige Designerkleidung, die hier aber wirklich noch in Handarbeit hergestellt wird – so wie die edlen Tuniken von *Bente Hammer (Nyker Hovedgade 32 | Nyker | bentehammer.dk)*, die noch mit einer Walze eingefärbt und von Hand bunt bedruckt werden. Die Reisetaschen, die *Claus Broe (Trekanten 1 | broecompany.dk)* in Pedersker herstellt, sind fürs Leben. Er fertigt auch maßgeschneiderte Ledersandalen.

EDLE TEILE

Viele Inselkunsthandwerker schaffen Unikate wie Ringe und Ketten, die zum Teil mit Muscheln und anderem Strandgut verziert sind. Kitschig ist hier nichts, wie *Frøydis Knapstad (Brøddegade 34 | knapstad.dk)* in Gudhjem beweist. Sie schafft filigrane Werke aus Diamanten und Perlen. Exotisch sind bunte Ohrringe aus Porzellan und Broschen aus geschliffenem Glas. Alle Stücke, die der Juwelier *Anders E (Postgade 21 | guldsmedanderse.dk)* aus Svaneke kreiert, sind an der Bornholmer Natur und am nordischen Design orientiert – die Insel ist seine Inspiration. Zum Einsatz kommen meist nur Gold und Silber, Verzierungen gibt es nur auf Wunsch.

SPORT

In der großen Vielfalt des Angebots für aktive Urlauber liegt der Reiz: Die Palette reicht von gemächlichen Radtouren über Ausritte mit Meerblick bis hin zu heißen Beachvolleyballturnieren.

WANDERN

Über 120 km ausgeschilderte Wanderwege warten auf dich. Umrunde die Halbinsel Hammeren, spazier am Strand entlang und über felsige Küsten – eine der schönsten Routen führt von Gudhjem nach Helligdommen. Auf *bornholm.info* kannst du die Wander-App der Insel herunterladen. Dort findest du auch eine Übersicht der Naturübernachtungsplätze für mehrtägige Touren. 2020 wurde der Wanderweg *Højlyngsstien* eröffnet, der vom Norden 67 km quer über die Insel durchs unberührte Hinterland bis nach Aarsdale zur Ostküste führt. Anregungen und viele Informationen über die Tier- und Pflanzenwelt entlang der Wanderrouten gibt es auf *naturstyrelsen.dk.*

LAUFEN

Bornholm bietet an jeder Ecke ausgezeichnete Laufmöglichkeiten. Du kannst im Norden durchs Gelände joggen, im Süden einen ausgiebigen Strandlauf machen oder dich auf den vielen ausgeschilderten Wegen verausgaben. Danach wirst du verstehen, warum Bornholm so viele Laufasse hervorgebracht hat – bei der Kulisse wächst jeder über sich hinaus. Eine Übersicht über alle Laufveranstaltungen findest du auf *joggingbornholm.dk.* Hauptattraktion ist die alljährlich im Juli stattfindende *Etape Bornholm (etape-bornholm.dk),* wo an fünf aufeinanderfolgenden Tagen auf verschiedenen Routen die Marathondistanz absolviert wird. Für Kinder finden Viertel- und Halbmarathonläufe statt.

Eine der schönsten Inselwanderungen führt rund um die Halbinsel Hammeren

KLETTERN

Klettern auf Bornholm, wo es selbst die höchste Erhebung, der Rytterknægten, gerade mal auf 162 m schafft?! Kletterprofis wissen, dass auf Bornholm nicht die Höhe, sondern die Vielfalt im Vordergrund steht: So kannst du auf der Insel bouldern, die atemraubenden Klippen entlangklettern, dich weit überm Meer abseilen oder Steinbrüche erkunden. Die Klippen südlich von Vang sind das größte Klettergebiet der Insel. Auch die *Randkløve-Schlucht* südöstlich von Gudhjem und die Gegend rund um den *Opalsø* sind tolle Kletterspots. *klatring bornholm.dk*

WASSERSPORT

Hier hat die Insel in den letzten Jahren Oberwasser bekommen. Du kannst am Ufer, in Höhlen oder nach alten Wracks tauchen *(diveline.dk/dykkertu re)*, die Küste mit einem SUP-Board erkunden, einen Surf- oder Kitesurfkurs buchen, ein Kajak mieten *(eastwind.dk)*, nach Christiansø oder zu den Robbenbänken segeln *(boatingbornholm.dk)*, mit dem Seekajak durch den Hafenkanal von Hasle touren oder die ganze Insel mit dem Kajak umrunden *(paddlebornholm.dk)*. Eine ganze Palette an Wassersportangeboten soll voraussichtlich ab 2024 der *Strandparken* in Nexø bereithalten. Entlang der Küste findest du zudem überall Schwimmmöglichkeiten im offenen Meer oder im Schwimmbad.

COASTEERING

Die Trendsportart hat auch an Bornholms Küsten Einzug gehalten. Dabei wird die Küste auf andere Art erkundet: Mal spazierst du am flachen Sandstrand entlang, dann kämpfst du dich schwimmend durch die Brandung am Fuß der Felsen, kletterst an steilen Felswänden entlang und seilst dich über dem Meer ab. *bornholms outdoorcenter.dk*

RADFAHREN

Ein Radwegenetz von über 250 km überzieht die Insel, mit herrlichen Ausblicken aufs Meer, mit Routen durch verwunschen wirkende Spaltentäler und Moore. Auf *bornholm.info* kannst du den Fahrradguide „Velkommen til vores cykelø" mit Routen rund um die Insel, Ausflügen für Familien und Infos zu Bike & Bed herunterladen. Jährlich im August schwingen sich Hunderte von Bornholmern und Urlaubern zur Radrundfahrt *Bornholm rundt på cykel (cykelbornholmrundt.dk)* um die Insel auf den Sattel. Das ist kein Wettbewerb, sondern ein Familienspaß mit Volksfestcharakter. Fahrräder für Groß und Klein, Anhänger, Mountainbikes, E-Bikes und Zubehör kannst du bei *Bornholms Cykeludlejning (Nordre Kystvej 5 | bornholms-cykeludlejning.dk)* in Rønne mieten.

TRIATHLON

Triathlon ist was für eiserne Männer? Alles Quatsch! Auf Bornholm soll Triathlon in erster Linie Spaß machen. Deshalb ist hier auch „der Herr Jensen von nebenan" herzlich willkommen, wie der Marketingspruch der örtlichen Agentur *(viking-atletik.dk)* verspricht. Aber auch Profis finden ausgezeichnete Möglichkeiten vor, etwa den *Granite Man*, den Ironman von Bornholm.

REITEN

Reittouren für alle hat die *Stutteri Liselund (Blemmelyngvejen 24 | Tel. 20 34 14 48 | stutteriliselund.dk)* in Nylars im Angebot. Hier können sich Anfänger mit den Pferden vertraut machen und in gemäßigtem Tempo loslegen. Erfahrene Reiter können verschiedene Touren buchen. Von September bis Mai sind sogar Strandritte möglich.

ANGELN

Drei Angelarten sind auf Bornholm populär: Beim Brandungsangeln beißt garantiert die Meerforelle an, beim Schleppfischen landen vor allem Kabeljaue im Netz und beim Süßwasserangeln darfst du dich auf Schwärme von Hechten, Aalen und Barschen freuen. *Kortguide Bornholm (avenza maps.com)* bietet eine kostenlose Revierkarte zum Herunterladen an. So findest du schnell alle wichtigen Angelhotspots der Insel – etwa den Brandungsplatz südlich von Nexø, der Meerforellen-Welthauptstadt. Hier angelt man traditionell in *fiskerbukser,* der Kombi aus Gummistiefel und Latzhose, steht bis zur Hüfte im Wasser und lässt sich von *Bjarke Borup (bornholmfiskeguide.dk)* erklären, wie man bei rauer See standfest bleibt und eine Forelle an den Haken bekommt.

INSIDER-TIPP
Standfest in Latzhosen

Schleppfischen steht bei Angelfreunden ganz oben. Bei geführten Trollingtouren *(eastsidetrolling.dk)* wird der Kabeljau per Schleppnetz aus den Tiefen des Meers geholt. Klassische Süßwasserangler können zwischen einer Vielzahl an Gewässern – Seen, Bäche Teiche – wählen. Eine gute Übersicht mit Tipps zu Bornholms Angelrevieren findest du auf *putand-*

Radweg bei Allinge: Fernab vom Autoverkehr geht es durch Felder und Wälder

take.info. Angelkarten sind in den Touristenbüros erhältlich.

GOLF

In Dänemark ist Golf schon lange fast ein Volkssport. Der schönste und anspruchsvollste der drei 18-Loch-Plätze liegt im Norden bei Rø *(Greenfee 350 DKK | nordbornholmsgolfklub.dk)*. *Bornholms Golf Klub (Plantagevej 3 | Tel. 30 80 68 33 | bornholmsgolfklub.dk)* in Rønne heißt Gäste herzlich willkommen auf dem 9-Loch-Pay-'n'-Play-Platz *(Greenfee 100 DKK)*. Im Süden gibt es den *Nexø Golf Klub (Dueodde | Tel. 56 48 89 87 | nexogolfklub.dk)*, der im Winter mit Ermäßigungen von 50 Prozent lockt.

MINI- & FUSSBALLGOLF

Überall auf der Insel findest du unterschiedlich gestaltete Minigolfplätze. Mit nostalgischem Flair spielst du in Sandvig *(sandvigminigolf.dk)* auf einer Anlage, die seit 1951 besteht. Auf der Anlage von *Bornpark (bornpark.dk)* in Gudhjem liegt dir Bornholm zu Füßen: Die Anlage ist eine Miniaturversion der Insel. Wer es lieber mit den Füßen versuchen will, spielt Fußballgolf auf der schönen Anlage in Bodilsker *(fodboldgolfbornholm.dk)* mit überdachtem Picknickplatz.

SLACKLINING

Du kannst auch auf Bornholm mit zittrigen Beinen akrobatische Übungen machen. Bei *bornholmoutdoorcenter.dk* kannst du eine Probestunde buchen oder Slackline in Kombination mit anderen Trendsportarten ausprobieren. Der *Dansk Bjerg- og Klatreklub (dbkk.dk)* veranstaltet unter dem Titel „Bornholm on the Rocks" verschiedene Workshops, in denen man das Slacklining einmal ausprobieren kann.

DIE REGIONEN IM ÜBERBLICK

Christiansø
Die „deutsche Riviera" an der facettenreichen Inselspitze
Ø S T E R S Ø E N
Salene Bugt
Gudhjem
Softeis, Räucherhering, Naturwunder und wild geformte Küsten
Østerlars
OSTKÜSTE & CHRISTIANSØ S. 70
Svaneke
Ølene
Øle Å
Årsdale
DER SÜDEN S. 84
Nexø
Hundse-myre
Pedersker
Snogebæk
Weißer, feiner Pudersand an der Küste und ein grünes Waldidyll im Hinterland
Ålhammer Bugt
5 km
3.11 mi

RØNNE & DIE WESTKÜSTE

INSELHAUPTSTADT UND SPANNENDE FELSKÜSTE

Der Bornholmurlaub beginnt in Rønne. Hier kommst du mit dem Schiff oder dem Flugzeug an, staunst den Farben der Insel und ihrer Hauptstadt entgegen, dem Rot der Dächer, dem Weiß der Kirche auf dem Hügel, dem Grün der Wiesen und Wälder, im Frühsommer dem Gelb der Rapsfelder. Der erste Blick auf das Gewirr aus Gassen, Fachwerk und bunter Behaglichkeit macht neugierig. Stille Örtchen erstrecken sich die Westküste entlang bis Vang: eine einsame, verwunschen wirkende Wald- und Seenlandschaft. Mehrere

Bornholm kann auch steil und felsig: Westküste bei Jons Kapel südlich von Vang

künstliche Seen – ehemalige Ton- oder Kohlegruben – bieten hier seltenen Vögeln und Kriechtieren einen nahezu ungestörten Lebensraum. Hasle bietet Überraschungen der kleinen Art, wie sie typisch für die Städtchen der Insel sind: eine Räucherei, ein uriges Hafencafé, die Galerie Grønbechs Gård. Nördlich dieser Stadtidylle bestimmt dann eine stark zerklüftete, stellenweise spektakuläre Felsenküste das Landschaftsbild. Die Küste wirkt hier geradezu dramatisch und immer wieder öffnen sich herrliche Ausblicke auf Felsklippen im Meer.

RØNNE & DIE WESTKÜSTE

MARCO POLO HIGHLIGHTS

★ **ALTSTADT IN RØNNE**
Auf Entdeckungstour durch die Gassen der Hauptstadt ➤ S. 45

★ **ERICHSENS GÅRD IN RØNNE**
Abtauchen ins 19. Jh. in diesem original eingerichteten alten Bürgerhaus ➤ S. 45

★ **NYKER**
Die kleinste und wohl schönste der vier Rundkirchen, die Ny Kirke, gab dem Ort seinen Namen ➤ S. 51

★ **GRØNBECHS GÅRD IN HASLE**
Hier stellen über 60 sehr gute Kunsthandwerker aus ➤ S. 52

★ **HASLE RØGERI**
Die Museumsräucherei: lehrreich und lecker ➤ S. 53

★ **JONS KAPEL**
Dramatische Szenerie: Felsen und Grotten an der Steilküste ➤ S. 56

14 Vang
Tejn
159
11 Ruts Kirke
DANMARK
REGION
HOVEDSTADEN
8 km, 30 Min.
10 Klemensker
27 km, 30 Min.
12 km, 20 Min.
5 Nyker
4 Bornholms Rovfugleshow
2 Sankt Knuds Kirke
13 km, 15 Min.
3 Vestermarie Kirke
38
Læså
20 km
12.43 mi
1 Arnager

Der Bummel durch die Fachwerkgassen in der Altstadt gerät zur nostalgischen Zeitreise

RØNNE

(🕮 B5–6) **Verwaltungssitz und damit „Hauptstadt" der Insel, größter Fährhafen, bevölkerungsreichster Ort – und doch nur ein Kleinstädtchen mit knapp 14 000 Einwohnern.**

Ein Marktflecken, malerisch, freundlich, überschaubar im alten Zentrum. 3 km von Nord nach Süd, 2 km von West nach Ost. Noch immer beherrscht Fachwerk das Stadtbild, senkrechte und waagerechte Balken ohne Schrägen geben der Architektur Ruhe und Harmonie. Fachwerk hält auch die weiße Kirche über dem Hafen zusammen, die den Seeleuten – und den erwartungsfrohen Urlaubern auf den Fährschiffen – als zweites Richtzeichen neben dem Leuchtturm gilt.

Die verbriefte Geschichte der kleinen Hauptstadt beginnt im 13. Jh. Aber schon um das Jahr 1000 soll um den heutigen Kirchplatz herum eine Fischersiedlung gestanden haben. Mit dem Niedergang des Ostseehandels und der Heringsfischerei ging die Bedeutung der Stadt zurück. Erst im 18./19. Jh., als Keramikfabriken und Uhrenmanufakturen für kurze Zeit eine Art Wirtschaftsboom auslösten, wuchs die Stadt. Im 20. Jh. schließlich siedelte sich vor allem im Norden der Stadt Industrie an; das alte Rønne blieb weitgehend intakt. Viele größere Häuser an der Straße Snellemark, die das Hafenviertel mit dem Zentrum verbindet, stammen aus der Zeit nach dem Zweiten Weltkrieg. Hier standen mehrere der gut 200 Gebäude, die am 7. und 8. Mai 1945 von russischen Bomben zerstört wurden.

SIGHTSEEING

ALTSTADT ★

Treff- und Ausgangspunkt ist der lebhafte Marktplatz *Store Torv* und dort am besten die eigenwillige Skulptur, die June-Ichi Inoue im Jahr 2000 geschaffen hat. Bis zu seinem Tod 2009 lebte der japanische Künstler auf der Insel. Die Skulptur soll die Geschichte und ständige geistige Weiterentwicklung des Menschen symbolisieren. Außerdem ist sie eine perfekte Jahresuhr: Jeweils am 24. Juni, zur Mittsommerzeit, scheint die Sonne genau durch den Schlitz der raffinierten Skulptur.

Spazier auf der Straße *Snellemark* Richtung Hafen hinunter und dann nach links in die *Storegade* zum *Kirkepladsen. Kirkestræde, Larsegade* und *Vimmelskaftet* können die weitere Route markieren. In der Vimmelskaftet 11 steht das kleinste Haus der Stadt. Neben dem Haus *Sankt Hans Stræde 3* gedeihen Mandel-, Aprikosen- und Feigenbäume. Von der *Rendegade* geht der Weg durch stille Straßen – *Lille Mortensgade, Slippen* und *Bagergade* – zur *Søndergade*. Hier steht (Hausnummer 14) das ehemalige Kaufmanns- und Lagerhaus eines Reeders aus dem Jahr 1813 mit Ausguck in der Mansarde. Dann kommst du zur *Hovedvagt* (Hauptwache), 1744 aus Steinen der Hammershusruine erbaut, und vorbei am alten Theater zurück zum Markt.

Neugieriges Gaffen in Gärten und Fenster ist übrigens ausdrücklich erwünscht.

INSIDER-TIPP
Gaffen ohne Bußgeld

Hier verstecken Bewohner der alten Häuser kleine Botschaften in Form von Gegenständen, die auf den Fensterbänken stehen und Hinweise auf die Geschichte der Gebäude geben. Ein zweiter Bummel führt in den Norden der Altstadt: In der *Laksegade* steht *Erichsens Gård* (s. separater Eintrag), in der *Rosengade* an der Ecke zur Storegade der *Kommandantgården*, in dessen Innenhof Maulbeerbäume wachsen. Die *Storegade* war einst die Straße der feinen Leute. Nr. 36, der *Amtmandsgården*, zeugt noch von diesem Wohlstand. In *Grønnegade, Fiskerstræde, Krystalgade* und *Havnegade* finden Fotografen jede Menge malerische Winkel. 📖 c3

ERICHSENS GÅRD ★

Erichsens Hof (*gård* heißt Hof, nicht Garten) ist eine Dependance von Bornholms Museum. Das großzügige, aber nicht protzige Bürgerhaus im alten Viertel zwischen Markt und Hafen, 1806 als Tabakfabrik erbaut und 1840 erweitert, war über 100 Jahre der Wohnsitz der Familie des Kanzleirats Thomas Erichsen. Delikat sind die Legenden um Künstler und Lebenskünstler, die mit diesem Haus und seinen früheren Bewohnern in Verbindung standen: Erinnert wird mit besonderen Räumen an Holger Drachmann (1846–1908), den Malerpoeten aus der weltberühmten Skagener Kolonie, der Erichsens Tochter Vilhelmine, genannt Belli, heiratete; an Kristian Zahrtmann (1843–1917) – auch er malte die schöne Vilhelmine; und an Elisabeth Zahrtmann, seine Schwes-

Das einstige Bürgerhaus Erichsens Gård ist heute als Museum auch für Besucher zugänglich

ter, die wiederum einen Erichsen-Sohn ehelichte. *Laksegade 7 | Mitte Mai–Mitte Okt. Fr/Sa 10–16, Garten Mo–Do 10–15 Uhr | 50 DKK | bornholms museum.dk | 45 Min. | c2*

HJORTHS FABRIK

Auch Hjorths Fabrik ist eine Dependance von Bornholms Museum: eine gelungene Mischung aus arbeitender Werkstatt, Museum, Galerie und Verkaufsraum. Das Haus stammt aus dem Jahr 1859 und bietet einen guten Überblick zur Geschichte der industriellen und künstlerischen Keramikherstellung auf Bornholm. *Krystalgade 5 | Laden und Ausstellungen Mo–Sa 10–17, Werkstätten 10–16 Uhr | 90 DKK | born holmsmuseum.dk | 45 Min. | c3*

BORNHOLMS MUSEUM

Die Sammlungen zeigen Funde aus der Frühgeschichte, geologische, zoologische und völkerkundliche Exponate und geben mit einem Tante-Emma-Laden, einer Arztpraxis und Wohnstuben Einblick in die „gute alte Zeit". Die wertvollsten Stücke des Museums sind wohl die *goldgubber,* 2300 kleine, in hauchdünnes Blattgold geprägte Figuren, die 1985 in der Nähe von Svaneke gefunden wurden. Sie stammen aus dem 6./7. Jh. und stellen sehr wahrscheinlich Weihegaben dar. *Sankt Mortensgade 29 | Mo–Fr 10–17 Uhr | 90 DKK | bornholmsmuseum.dk | 30 Min. | d3*

SANKT NICOLAI KIRKE

Die Stadtkirche von Rønne ist dir garantiert schon bei der Ankunft im Hafen ins Auge gefallen. Sie thront gleich neben dem alten Leuchtturm auf einer Anhöhe. Bei so viel maritimem Flair kann sie nur dem hl. Nikolaus, dem Patron der Seefahrer, gewidmet sein. Der Ursprung der Kirche stammt aus dem 13./14. Jh., aber 1915 wurde sie komplett umgebaut und renoviert. Auch wenn du kein Fan klassischer Musik sein solltest: Eines der Sommerkonzerte ist ein Muss! Die Atmosphäre und die Akustik in der Kirche sind sensationell. *Kirkepladsen* | *c3*

BORNHOLMS FORSVARSMUSEUM

Stillgestanden – oder die „Dicke Berta" holt zum Gegenschlag aus! Hier gibts massig Kanonen und Panzer zu sehen. Schon erstaunlich, wie stark gerüstet das alte Bornholm bis zum Zweiten Weltkrieg war. Im Verteidigungsmuseum trifft man auf die komplette Militärgeschichte der Insel. Auf dem angrenzenden Galgenhügel *Galløkken* steht noch ein Wehrturm von 1688, der zu einer nie fertiggestellten Zitadelle gehörte. *Arsenalvej 8 | Mai–Sept. Mo–Fr 10–16 Uhr | 65 DKK | formus.dk | 45 Min. | c5*

ESSEN & TRINKEN

CAFÉ GUSTAV

Beliebter Pausenplatz am Markt, guter Cappuccino, Bier vom Fass, leckere Sandwiches. *Store Torv 8 | Tel. 56 91 00 47 | tgl. | cafegustav.dk | c3*

CASA MIA

Das älteste und beste italienische Restaurant der Insel mit dem Flair einer familiären Osteria. Die herzhaften Nudelgerichte und die Pizzen von Vincenzo Guastafierro schmecken so gut wie in Neapel. Probier mal die „Enzo Speciale" mit Meeresfrüchten und

Direkt am Hafen ragt St. Nicolai empor – und steckt den Leuchtturm locker in die Tasche

schwarzem Pfeffer! *Antoniestræde 3 | Tel. 56 95 95 73 | mittags geschl. | casa mia-bornholm.dk | €€€ | c3*

DET RØDE PAKHUS

Wie der Name schon sagt: von außen ein unscheinbares, rotes Lagerhaus hinter dessen Mauern sich das beste Restaurant der Insel verbirgt. Völlig zu Recht ist es vom Guide Michelin ausgezeichnet und wird von Gourmetkritikern mit Lob überschüttet: jedes Gericht ein Kunstwerk, eine Kreation bester Zutaten aus Wasser und Wald. *Snellemark 30 | Tel. 64 63 50 26 | tgl. | roedepakhus.dk | €€€ | c3*

CAFÉ KAAS

Direkt am Hafen mit traumhaftem Blick auf Rønne und die Westküste. Dass der Kuchen selbst gebacken ist, schmeckt man. Von Juni bis August finden auch Grillabende statt. Außerdem gibts hier das wohl beste Frühstück der Insel mit selbst gebackenem Brot, Inselkäse und Bornholmer Wurst. *Bådehavnsvej 15 | Tel. 28 89 71 40 | Ostern–Mitte Okt. tgl. 10–18 Uhr | Facebook | €€ | b3*

FREDENSBORG BADEHOTEL RESTAURANT

Rønnes Gourmetlokal im Hotel Fredensborg am Südende der Stadt. Qualität und Preise bewegen sich auf hohem Niveau. Erlesene Fisch- und Schalentiergerichte und seltene Weine prägen die Speisekarte. *Strandvejen 116 | Tel. 56 90 44 44 | mittags geschl. | €€€ | b6*

SHOPPEN

OSTE-HJØRNET

Seit über 20 Jahren stillt Birgit Gren Hansen den Hunger der Bornholmer

Auf der Suche nach kulinarischen Mitbringseln? Dann ist Rønnes Torvehal *das* Ziel!

nach Delikatessen. Hier gibt es die besten Käse der ganzen Insel. Daneben bekommt man im Oste-Hjørnet (zu Deutsch: „Die Käseecke") frisches Brot, herzhaften Aufschnitt und andere auf Bornholm produzierte Spezialitäten. *Østergade 40b* | c-d3

BORNHOLMS THEHANDEL

Die größte Auswahl an Tee und Kaffee auf der Insel. Probier unbedingt die Hausmischungen:

INSIDER-TIPP
Teeminator

Da harmonieren weiße Pfingstrosen mit weißer Schokolade und Kräutertee wird mit Lakritz und Chili aufgepeppt. *Lille Torv 5b | Mo geschl. | bornholmsthehandel.dk* | c3

IM GENBRUG

Gebraucht und für einen guten Zweck! In diesem Geschäft der diakonischen Mission findest du Kleidung und Haushaltswaren zum Schnäppchenpreis. *Haslevej 2* | d1

TORVEHAL

In der Markthalle findest du alle Spezialitäten der Insel unter einem Dach, probierst Käsehäppchen, genießt Tee auf Holzpaletten und findest Anregungen fürs Abendessen. Unkonventionell, improvisiert und voller Leckereien! An den Ständen von *Krogsholm* kommst du nicht vorbei:

INSIDER-TIPP
Knackfrische Insulaner

krumme Gurken, dicke Möhren, duftende Äpfel – das Obst und Gemüse wird nur auf den Feldern und Plantagen bei Rønne angebaut. *Gartnervangen 6 | Di–Fr 10–17, Sa 10–15 Uhr | torvehalbornholm.dk* | d1

BORNHOLMS BÆR

So fruchtige und frische Blaubeeren hast du wahrscheinlich noch nie gegessen! Im Sommer können Besucher an einigen ausgewählten Terminen auf der ältesten Plantage der Insel die Beeren selber pflücken oder am Obststand kaufen. *Skrædderbakkevejen | bornbaer.dk* | c6

STRÄNDE

NØRREKÅS STRAND

Der 250 m lange Stadtstrand von Rønne bietet alles, was zu einem tollen Strandtag dazugehört: Relaxen vor der Stadtkulisse, viel Platz zum Toben und Spielen, sehr gute Wasserqualität, Bademeister, Softeis und Hotdogs von der Bude im Hafen, einen Spielplatz in der Nähe und Parkplätze. c2

AUSGEHEN & FEIERN

RØNNE BIO

In Dänemark werden Kinofilme nicht synchronisiert, sondern untertitelt; so kommst du in den Genuss, dir Filme im Original ansehen zu können.

INSIDER-TIPP
Der „Jedermann" im Klappsitz

Opernaufführungen weltbekannter Bühnen werden live auf die Kinoleinwand übertragen. Festliche Kleidung ist dann Pflicht! *Nørregade 2 | ronnebio.dk* | c3

PUB O'MALLEY

Hier ist alles vertreten: jung gebliebene Senioren, verliebten Pärchen, alleinstehende Insulaner und Freundescliquen. Neben dänischen werden auch irische Biere serviert. Hin und wieder gibt es Livemusik. *Store Torvegade 2 | Mo–Do 11–24, Fr/Sa 11–3 Uhr | c3*

MUSIKHUZET

Wie der Name schon sagt: ein Haus voller Musik. Dänemarks beste Bands spielen hier Rock, Salsa, Blues oder Punk. Es gibt Musicalaufführungen, Exotisches wie Trommelkonzerte, Klassik und ein Programm für Familien mit Kindern. *Store Torv 6 | musikhuzet.dk | c3*

KRYSTAL BODEGA

Hier treffen sich die Jüngeren auf ein Bier oder zum Billardspielen. Aus den Boxen dröhnen die aktuellen Charts. Am Wochenende eine Anlaufstelle für Nachtschwärmer. *Krystalgade 20 | Mo–Mi 11–1, Do 11–2, Fr/Sa 11–5, So 13.30–22 Uhr | c3*

RUND UM RØNNE

1 ARNAGER

9 km südöstlich von Rønne/30 Min. mit dem Rad

Noch so ein kleiner, idyllischer Inselort, wo sich Hund und Katze gute Nacht sagen? Von wegen! Idyllisch ja, aber von Langeweile keine Spur. Wer traut sich bei stürmischer See über die längste Holzbrücke Nordeuropas zum Hafen hinaus? Die Seeluft macht hungrig. Also immer dem duftenden Rauch der Öfen nach. Der Räucherlachs mit Spargel in der *Arnager Røgeri (Arnagervej 4 | Mai–Sept. Do–Sa 12–20, So 12–16 Uhr | arnager-rogeri.dk | €)* ist ein Gaumenschmaus der Extraklasse – und wird gelegentlich vom Rattern einer landenden Propellermaschine begleitet, denn der Inselflughafen grenzt direkt an den Ort.

INSIDER-TIPP Abgehoben

Wer die Insel auch mal aus der Vogelperspektive erkunden will, bucht einen Flug im kleinen blauen Hubschrauber von *Skyfox Helikopteroplevelser (Tel. 28 91 14 09 | ab 60 Euro | skyfox.dk).* Besonders reizvoll ist der Rundflug bei windigem Wetter, wenn die schäumende See an die Klippen schlägt. *C7*

2 SANKT KNUDS KIRKE

3½ km östlich von Rønne/15 Min. mit dem Rad

Die kleinste Kirche der Insel, Ende des 12. Jhs. im romanischen Stil erbaut, ist viel zu schön, um übersehen zu werden. Sie steht in der nach ihr benannten Siedlung *Knudsker.* Das Mobiliar ist eine Mischung aus anmutiger Schlichtheit und traumhafter Malerei. *C5*

3 VESTERMARIE KIRKE

9 km östlich von Rønne/35 Min. mit dem Rad

Diese neuromanische Landkirche 7 km nordwestlich in Vestermarie wurde erst um 1884 auf den Fundamenten eines mittelalterlichen Gotteshauses gebaut. Dabei wurde, selten für Bornholmer Bauwerke, rötlicher Granit verwendet. Eine liebevoll ausgemalte Kassettendecke im Innern und sechs Runensteine auf dem Friedhof

In einer alten Schmiede in Nyker betreibt Bente Hammer ihre Werkstatt für Textildesign

sind die wesentlichen Sehenswürdigkeiten der Kirche. *April–Sept. tgl. 7–18, Okt.–März 8–17 Uhr* | *D5*

4 BORNHOLMS ROVFUGLESHOW

9 km nordöstlich von Rønne/35 Min. mit dem Rad

Falken, Eulen, Adler und Geier fliegen bei der Raubvogelschau dicht am Publikum vorbei. Wer will, darf die Vögel auch mal auf dem Arm tragen. *Lundsgårdsvej 4 | April Di und Sa, Mai und Sept. Di/Mi und Sa, Juni und Aug. Di–Do und Sa, Juli Di–So 10–15.30 Uhr | 145 DKK, Kinder bis 12 Jahre 90 DKK | bornholmsrovfugleshow.dk* | *C5*

5 NYKER ★

7 km nordöstlich von Rønne/25 Min. mit dem Rad

Die kleinste Rundkirche der Insel, die Ny Kirke im Dörfchen Nyker, ist mit ihrer geschnitzten Kanzel und einem traumhaft bemalten Fries auch ihre schönste. Aber mach nicht den Fehler, Nyker nur auf seine Kirche zu reduzieren. Die handbedruckten Klamotten der Künstlerin *Bente Hammer (Hovedgade 32 | Mo–Fr 10–17, Sa 10–15 Uhr | bentehammer.dk)* sind etwas ganz Besonderes. Eine Ansammlung jahrzehntealter Gläser, verstaubter Gemälde und uralten Geschirrs findest du in *Agremøllens Antik & Genbrug (Pluggegårdsvej 7 | Mi–So 13–17 Uhr)*. Hier findet garantiert jeder ein Mitbringsel. *C4–5*

HASLE

(B3–4) **Die knapp 1700 Einwohner von Hasle sind wohl die stolzesten Bornholmer: Hier formierte sich**

Stilvoller Rahmen für ebensolches Kunsthandwerk: Grønbechs Gård

Mitte des 17. Jhs. der Widerstand gegen die Schweden.

Auf dem Marktplatz *(Torvet)* erinnert ein Stein an die Rebellion, die 1658 zum Abzug der schwedischen Besatzer führte. Die Anführer stammten alle aus Hasle: Povl Anker, Jens Kofoed, Peder Olsen und Niels Gumløse. Die Bronzebüste vor dem Rathaus zeigt König Christian X., den Großvater der jetzigen Königin Margrethe II.

Das Rathaus auf dem Markt, 1855 im Empirestil erbaut, ist der ideale Ausgangspunkt für einen Stadtrundgang. Man bummelt zum Hafen hinunter, über Toldbodgade, Rådhusgade oder Havnegade, wieder ins Zentrum zurück, dann über Krummevej und Kirkegade zur sehr hübschen gotischen Stadtkirche: ein geduckter Fachwerkturm auf einem Sockel aus Feldsteinen. Sehenswert sind der Flügelaltar, eine Lübecker Arbeit aus dem 15. Jh., und die Renaissancekanzel von 1610. Auf dem Friedhof neben der Kirche liegt Vilhelm Herold begraben, ein um 1900 berühmter Operntenor. Er gilt den Haslingern als eine Art Lokalmatador. Was an ihn erinnert, ist allerdings nicht hier, sondern im Bornholms Museum in Rønne zu bewundern.

SIGHTSEEING

GRØNBECHS GÅRD ★

Im Haus des Kunsthandwerks, einem ehemaligen Lagerhaus aus dem 19. Jh. in der Altstadt, dürfen nur die besten Kunsthandwerker der Insel ausstellen: Glasbläser und Keramiker, Textil-, Metall- und Holzkünstler, Gold- und Silberschmiede. Ob die handgeschmiedete Kette oder der extravagante Terrakottatopf – jedes Stück ist ein Unikat. Schaut man durch die großen Fenster hinaus aufs Meer, könnte selbst das Panorama von einem Künstler geschaffen sein. Jetzt noch eine leckere Tasse Kaffee? Bitte: Ein Café gehört auch dazu. Kinder können im Kunstraum ihrer Kreativität freien Lauf lassen. *Ostern–Okt. tgl. 11–17 Uhr | 70 DKK | groenbechsgaard.dk*

HASLE RØGERI ★

Eine von fünf alten Räuchereien, die alle in einer Reihe stehen, wurde zum Museum. Dort lässt sich anhand einiger Gerätschaften und Fotos nachvollziehen, wie vor 100 Jahren aus silbernen Heringen Bornholmer Gold wurde – nämlich auf ungefähr die gleiche Art wie heute. Das Museum bietet viele interessante Einblicke in die traditionelle Räucherei – und wer dann auf den Geschmack gekommen ist, kann seinen Fisch gleich nebenan räuchern lassen. Englischsprachige Führungen auf Anfrage. *Søndre Bæk 20 | aktuelle Zeiten auf bornholm.info/de/hasle-roegeri | 50 DKK*

ESSEN & TRINKEN

HASLE HAVNE GRILL

Von außen nur ein einfacher Grillimbiss, aber das Essen ist so lecker wie in einem richtig guten Restaurant. Die Burger genießt man mal amerikanisch mit Bacon und Käse, mal skandinavisch mit Fisch und Salat. *Tgl. 11–20 Uhr | Havnen 25 | haslehavnegrill.dk | €*

HASLE RØGERI

Das beste Fischbuffet der Insel: Heringsfilet in Curry-Sahne-Sauce, geräucherte Makrele mit Roter Bete, Lachs mit Radieschen-Zwiebel-Salat und dazu Bornholmer Gold und Krabben. Der besondere Clou aber ist das Meersalz: Hier wird es eine Woche lang über Ulmenholz geräuchert und bekommt so eine rauchige Würze. Das Salz ist den Varianten Chili und Knoblauch erhältlich. *Tgl. 10–17 Uhr | Søndre Bæk 20 | Tel. 56 96 20 02 | hasleroegeri.dk | €€*

> INSIDER-TIPP
> **Qualmendes Salz über Ulmenholz**

SHOPPEN

ÆBLEPLANTAGEN

Über 1000 Apfelbäume stehen auf der Plantage – daraus zaubern die Besitzer leckere Spezialitäten wie süßsaures Apfelchutney, Apfel-Balsamessig und leckere Marmelade. Auf jeden Fall musst du den naturtrüben Apfelsaft probieren: Nach Omas Rezept wir die gekochte Apfelmasse in Handarbeit durch ein Mulltuch gedrückt und in Flaschen gefüllt. *Keine festen Öffnungszeiten (auch Straßenstandverkauf) | Simblegårdsvej 25*

> INSIDER-TIPP
> **Trübe Brühe in Flaschen**

KUNSTHANDWERK

IB HELGE

Eigenwillig, mit einem Hauch der Osterinsel kommen die Skulpturen des bekannten Inselkünstlers daher. Mystisch auch seine Gemälde, von Rubens und Munch inspiriert, ausgestellt in seinem Bauerngarten. *Keine festen Öffnungszeiten | Bæla 4 (kurz vor Helligpeder, Strandvejen Richtung Allinge) | ibhelge.dk*

SPORT & SPASS

HAVNEBAD

Das Freibad im Hafenbecken von Hasle ist ein großer Anziehungspunkt. Auf der treppenartigen Terrasse genießt man die Sonne und stürzt sich wagemutig vom Sprungturm. *Sommer tgl. 5.30–22 Uhr, im Winter Eisschwimmen | Eintritt frei*

HASLE AKTIVITETSPARK

Gleich neben der Jugendherberge findet sich der beste Spielplatz Bornholms, der auf Initiative einiger einheimischer Väter errichtet wurde: Nicht nur Kinder kommen hier auf Seilrutsche und Schaukeln auf ihre Kosten, sondern an den Freiluft-Fitnessgeräten auch die Erwachsenen. Es gibt eine Grillhütte und ein Beachvolleyballfeld. Ergänzt wird der Park durch vier Trainingsstrecken (Motto: Bewegen in der Natur), die am Parkeingang starten und durch den Wald von Hasle führen. *Fælledsvej*

RUND UM HASLE

6 KULTIPPEN

2½ km südlich von Hasle/10 Min. mit dem Rad

Fehlen nur noch der schwebende Neil Armstrong und die wehende US-Flagge: Kultippen ist die Mondlandschaft Bornholms. Während man auf der Insel Kohle abbaute, kippte man den Abraum und andere Abfallprodukte südlich von Hasle über die Uferhänge. Entstanden ist so eine surreale, braungelbliche und wulstige Gegend mit tiefen Spalten und steilen Hängen. Ein Wanderweg startet am Glasværksvej am Südende von Hasle. *B4*

7 RUBINSØEN

2½ km südlich von Hasle/10 Min. mit dem Rad

Der bis zu 40 m tiefe See liegt wie das verwunschene Gewässer aus einem alten Märchen mitten im Lustwald *(Lystskov)*. Wer würde wohl vermuten, dass es sich bei diesem Kleinod um eine vollgelaufene Kohlengrube handelt? Zwischen 1942 und 1948 wurden hier über 30 000 t Kohle aus der Erde geholt. *B4*

8 SMARAGDSØEN

4 km südlich von Hasle/15 Min. mit dem Rad

Hohe Nadelbäume und feiner Sand am Ufer; der See mal unheimlich dunkelblau und fast schwarz schimmernd, als würde sich gleich das Ungeheuer von Loch Ness aus ihm erheben, und dann wieder leuchtend türkisfarben mit dem Touch der kanadischen Wildnis. Der Smaragdsee ist ein Naturschauspiel – und wurde doch von Menschenhand geschaffen: Er war einst die Grube einer Klinkerfabrik. *B4*

9 PYRITSØEN

4 km südlich von Hasle/15 Min. mit dem Rad

Hohe Bäume umgeben den dunkelblau schimmernden See, der nur durch einen schmalen Weg vom Meer getrennt ist, an dessen Ende sich ein

Hingucker in Klemens Kirke: die beiden farbkräftigen Altarbilder vom Bornholmer Paul Høm

traumhafter, sandig-steiniger Naturstrand anschließt. Der richtige Ort, um in himmlischer Ruhe mit einem atemraubenden Sonnenuntergang den Tag ausklingen zu lassen!

INSIDER-TIPP **Jurassic Park** Am Hang auf der Seeseite entdeckten Forscher den Fußabdruck eines Dinosauriers, der auch für Laien sehr gut zu erkennen ist *(Bagågraven | bornholm. skaneland.net/bagagraven).* B4

10 KLEMENSKER

8 km östlich von Hasle/30 Min. mit dem Rad

Die *Klemens Kirke (Bedegadevej 1a | clemenskirke.dk)* ist nicht nur äußerlich schön anzusehen. Sie wurde Ende des 19. Jhs. gebaut und glänzt mit zwei ausdrucksstarken Altarbildern des Bornholmer Malers Paul Høm. Auch eine 200 Jahre alte Bornholmer Standuhr ist im Innern aufgestellt. Im Käseladen der Meierei *St. Clemens (Sct. Klemensgade 17 | st-clemens.dk)* kannst du nicht nur den köstlichen Blauschimmelkäse kaufen, sondern auch frische Milch. *C–D4*

11 RUTS KIRKE

5 km nordöstlich von Hasle/20 Min. mit dem Rad

Na gut, der Burj Khalifa ist sie nicht, aber der Ausblick von der mit 130 m höchstgelegenen Inselkirche – gebaut um 1200 im romanischen Stil – ist für Bornholmer Verhältnisse spektakulär. Kein Wunder, dass die Schweden die Kirche gern in ihren Besitz gebracht hätten. Aber der Pastor und Freiheitsheld Povl Anker verteidigte im 17. Jh. tapfer sein Gotteshaus. *C3*

12 HELLIGPEDER

4 km nördlich von Hasle/15 Min. mit dem Rad

Der kleinste Ort mit dem kleinsten Hafen der Insel und einer Kulisse wie bei Henning Mankells Wallander. Wild, stellenweise fast unheimlich wirkt die Küste hier, mit alten, von Moos bedeckten Schuppen, bunten Häusern – und Einwohnen mit Humor. Am Ortseingang hat jemand auf Dänisch das Straßenschild mit der Aufschrift versehen: „Ja – das ist Helligpeder", womit alle Zweifel ausgeräumt werden sollen, es handle sich hier nicht um einen richtigen Ort. Ähnlich das Bild im 1 km weiter nördlich gelegenen *Teglkås,* von dem jeder Landschaftsmaler träumt: In die Jahre gekommene Boote schlummern im Hafen, Möwen kreischen am Himmel und die Sonne erhellt die Szenerie. Um nach Helligpeder und Teglkås zu gelangen, benutzt du am besten die von Hasle aus gesehen erste dorthin ausgeschilderte Landstraße. Sie schlängelt sich die Küste entlang, vorbei an idyllisch gelegenen Häuschen und Gärten. *B3*

13 JONS KAPEL ★

6½ km nördlich von Hasle/25 Min. mit dem Rad

Ein wilder Küstenabschnitt, eine bizarre Felsformation und eine Höhle. Schon nach wenigen Metern Fußweg wird klar: Das Panorama ist der Hammer, bei gutem Wetter kann man sogar hinüber nach Schweden schauen. Muskelkater ist aber programmiert, denn jetzt geht es 150 Stufen über eine Holztreppe hinab zur „Kapelle". Erwarte aber bloß keinen Steinbau. Die

150 Stufen führen hinunter zu Jons Kapel – und danach schweißtreibend wieder nach oben ...

Wie aus der Welt gefallen (und schön zum Sonnenuntergang!): Küste bei Helligpeder

sogenannte Kapelle ist ein Ensemble von Felsen, die eine Art Kanzel darstellen. Laut der Legende soll der irische Geistliche Jon hier gelebt und zu den Bornholmer Fischern gepredigt haben. Der Weg führt durch das Brutgebiet der Goldammern. Während der Brutzeit von April bis August tragen die Männchen ein prachtvolles gelbes Federkleid – vor dem Hintergrund der grauen Felsen ein exotisches Farbenspiel. Folg in jedem Fall noch dem Küstenpfad in nördlicher Richtung bis zu den Klippen von *Hvidkleven*. Hier wachsen Anemonen und Orchideen, üppig wuchern grüne Farne und die Aussicht ist phantastisch. Bei stürmischem Wetter ein echter Nervenkitzel! Dann schlagen die schäumenden, meterhohen Wellen mit voller Wucht gegen die Felsen. *Zufahrt über Jons Kapelvej, Parkplätze am Kiosk Jons Kapel* B2

INSIDER-TIPP
Gelber Vogel auf dem Holzweg

14 VANG

8 km nördlich von Hasle/30 Min. mit dem Rad

Ein Stück Frankreich auf Bornholm: die Küste so rau und felsig wie in der Bretagne, Serpentinenstraßen wie in den französischen Alpen und ein Restaurant fast wie auf den Champs-Élysées. Im *Le Port (Mo geschl. | Vang 81 | Tel. 56 96 92 01 | leport.dk | €€€)* vereinigt sich die skandinavische mit der französischen Küche. Gebratenes Lamm mit Bärlauchlinsen oder Kabeljau auf *sauce mousseline* verzücken den Gaumen. Den Genuss perfekt machen der Blick auf die Ostsee und in den Abendstunden ein Sonnenuntergang der Extraklasse. B2

DER NORDEN

TRUBEL UND STILLE IN VIELFÄLTIGER LANDSCHAFT

Der Norden der Insel: gerade mal 12 km von Helligdommen bis Sandvig, höchstens 4 km von den Stränden bei Sandkås bis Hammeren, dem Knubbel im Nordwesten. Dieses ist die bei weitem kleinste, aber zugleich die womöglich vielfältigste und abwechslungsreichste aller Bornholmer Regionen.

Eine mächtige Burgruine, verwunschene Seen, heilige Klippen und gemütliche Badeorte mit dem Charme von gestern – nirgendwo wechselt auf so kurze Distanz die Landschaft so rasch, nirgendwo

Das gemütliche Allinge mit seinen bunten Fachwerkhäuschen: eine Art dänisches Bullerbü

sind aufregendere, gewaltigere Relikte der Vergangenheit zu bewundern, nirgendwo liegen die Stille einer märchenhaften Fels- und Seenlandschaft und der maßvolle Trubel einer traditionsreichen Badeküste so nah beieinander.

Hier oben hat auch der Fremdenverkehr angefangen. Ende des 19. Jhs. reisten wohlhabende Deutsche zur Erholung nach Allinge, bald darauf auch in die Nachbarorte; der Begriff „Bornholmer Riviera" setzte sich durch, halb stolz, halb spöttisch gemeint.

DER NORDEN
Osand Bugt
2 Hammeren
3 ½ km, 15 Min.
Moseløkken 1
Hammershus 3
ØSTERSØEN
159
4 Slotslyngen
Bornholms Tekniske Samling 5
DANMARK
REGION HOVEDSTADEN
159
1 km
0.62 mi

MARCO POLO HIGHLIGHTS

★ **NORDBORNHOLMS RØGERI**
Genieß die traditionelle Räucherweise, gute Atmosphäre und beste Qualität ➤ S. 63

★ **HAMMEREN**
Ein schöner Wanderweg führt zu Leuchttürmen und stillen Seen ➤ S. 65

★ **HAMMERSHUS**
Burgruine mit einer großen Vergangenheit ➤ S. 66

★ **SLOTSLYNGEN**
Spaziergänge durch die Schlossheide sind romantisch ➤ S. 66

★ **BORNHOLMS KUNSTMUSEUM**
Berühmte Felsklippen und ein Museum hoch über der Ostsee ➤ S. 69

★ **SANKT OLS KIRKE**
Rundkirche mit altem Taufbecken und einem separaten Glockenturm ➤ S. 67

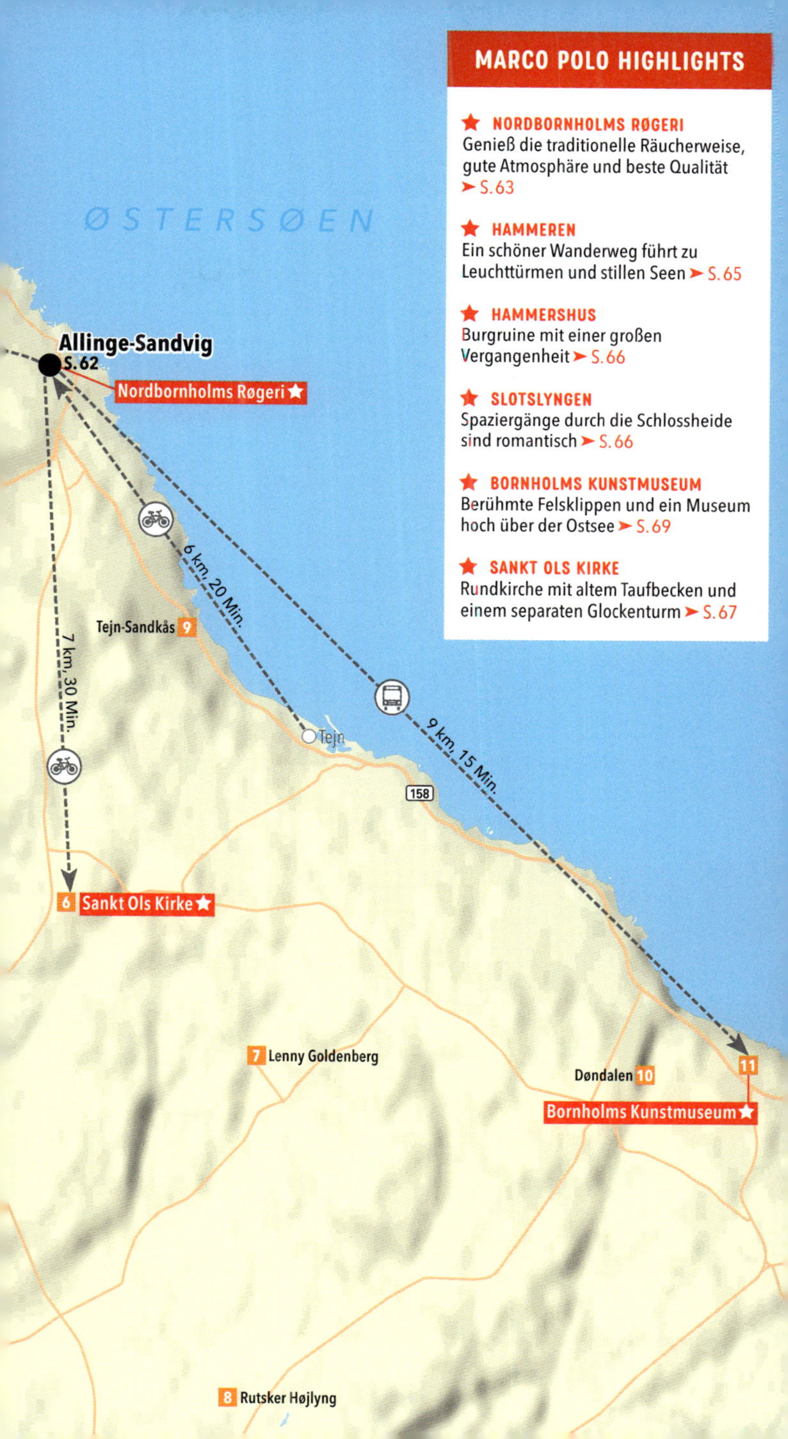

ALLINGE-SANDVIG

(🕮 C1) **Beide Orte sind mit Fischfang und Heringshandel groß und mit deren Niedergang um 1800 wieder bedeutungslos geworden, bis der Fremdenverkehr begann.** Zum Schlendern eignet sich vor allem das freundliche, von hübschen Fachwerkhäusern geprägte Allinge. In der *Havnegade* am Hafen treffen sich alle zum Café- und Boutiquenbummel.

SIGHTSEEING

ALLINGE KIRKE

Das ockergelbe Gotteshaus war ursprünglich nur eine kleine Kapelle. Zu einer „richtigen" Kirche wurde sie erst Anfang des 20. Jhs. ausgebaut. Innen ist sie eher maritim und freundlichhell in Pastellfarben gestrichen. Kurios ist die Turmuhr: Sie besitzt keine Neun. Angeblich wusste der Maler nicht, wie man eine römische Neun (IX) schreibt und ließ sie einfach weg. *Kirkeplads 5 | Di–Do, April–Okt. auch Mo 8–16, Fr 8–12 Uhr | allingekirke.dk | ⏲ 15 Min.*

MADSEBAKKE

Mehrere Wege führen nach Norden zur kleinen Schwestergemeinde Sandvig. Besonders schön ist der Rad- und Fußpfad über die alte Bahntrasse. Da lässt sich ein Abstecher zu Dänemarks größter und bedeutendster Felsfläche mit Symbolen und Zeichnungen aus der Bronzezeit einbauen. Sie hatten

Ockergelb der Kirchturm, strahlend weiß der Turm der Røgeri: Das ist unverkennbar Allinge

damals – zwischen 1800 und 500 v. Chr. – vermutlich einen kultisch-religiösen Sinn. Wissenschaftliche Außenseiter meinen allerdings, dass sie Lehrmaterial für eine Nautikschule der Wikinger gewesen seien. 2004 entdeckte hier Mogens Jensen vom Bornholms Museum auf einem Felsen mit Blick auf Ostsee und Erbseninseln bisher unbekannte Zeichnungen, das größte und nun bedeutendste Feld mit „Comics aus der Vergangenheit" überhaupt. Dazu gehören Schiffstypen, wie man sie bisher auf Bornholm noch nicht auf Felsen gemalt gesehen hat. Auch sie stammen aus der Bronzezeit, sind etwa 2600 Jahre alt.

ESSEN & TRINKEN

GÆSTGIVEREN

Schrill, unverfälscht und einzigartig! Hier stehen Künstler wie die dänische Band Lukas Graham auf der Gartenbühne und verwandeln die Straßen von Allinge in eine Open-Air-Bühne. Gegessen wird an Gartentischen oder an der Open-Air-Bar. *Theaterstræde 2 | Tel. 56 44 62 30 | Juni–Aug. tgl. ab 17 Uhr | gaestgiveren.dk | €€*

FABERS

INSIDER-TIPP **Kultur schaffende Kaffeebude**

Kaum eröffnet und schon Kultstatus. Hier trifft man sich zum Tanzkurs, hört gespannt Lesungen, begegnet Sterneköchen und Popmusikern, trinkt Sekt zur Vernissage oder betrachtet die Gemälde an den Wänden. Tagsüber gibt es hier den wahrscheinlich besten Kaffee der Insel, der in Bornholmer Keramik serviert wird; am Abend ist das Fabers in Allinge *der* angesagte Treffpunkt im Norden. *Kirkestræde 1 | Tel. 60 61 93 77 | Mo/Di geschl. | fabers.net | €€*

MARGERITTEN

Gutbürgerlich ist das Angebot, familiär und freundlich die Atmosphäre am Kirchplatz in Allinge. Mittags stehen traditionelle *frokost*-Speisen auf der Karte und auch abends dominiert Dänisches das Angebot. Große Auswahl an veganen und vegetarischen Gerichten. *Kirkepladsen | Tel. 56 48 22 09 | margeritten.dk | mittags geschl. | €€*

NORDBORNHOLMS RØGERI ★

Hier in Allinge gibt es die besten Bornholmer und das größte Buffet der Insel: kalte und warme Fischspezialitäten, Suppen, Salate, auch Eis und Beilagen sind inklusive. Kinder unter fünf Jahren speisen kostenlos. *Kæmpestranden 2 | März–Okt. tgl. | nbr.dk | €€*

ELLA'S KONDITORI

Eine Art großmütterliches Gartenlokal. Leckere Fischgerichte, hausgemachter Kuchen und Käseplatten, serviert auf Omas Tellern auf angestaubtem und antikem Mobiliar. *Strandgade 42 | Tel. 56 48 03 29 | Mai–Okt. tgl. | ellasrestaurant.dk | €€*

SHOPPEN

MARKT

Über 50 Marktstände randvoll mit Trödel aller Art Inselspezialitäten, Bekleidung, Bücher und kulinarische Leckerbissen warten an der Strandpromenade in Sandvig. *Juni–Aug. Di 17–20 Uhr*

BORNHOLMS SÆBESYDERI

INSIDER-TIPP
Was für Waschlappen!

Die Ladentür geht auf und es riecht nach Veilchen und Vanille: Die Seifen in Birgitte Bruuns Allinger Seifensiederei duften traumhaft. Zu jeder Seife gehört der passende Waschlappen, selbst gestrickt aus Fahrradschläuchen oder Leinen, dazu Seifenschalen, aus Beton gegossen und verziert. *Kirkeplads 4 | bornholmssaebesyderi.com*

SPORT & SPASS

STRANDSPORT

INSIDER-TIPP
Fußball mit Meerblick

Schöne Aussichten beim Freizeitkick in Sandvig: Am Sandstrand am Strandslot liegt am Fuß der Klippen direkt am feinen Sandstrand Dänemarks Fußballfeld mit der schönsten Aussicht. Abends treffen sich Gleichgesinnte und messen sich im Footvolley oder machen ein Spielchen.

SANDVIG MINIGOLF & BOARDGAMES

INSIDER-TIPP
Kaffee bei Scotland Yard

Eine Tour de Bornholm per Minigolf: Auf dem nostalgischen Minigolfplatz schmetterst du den Ball durch ein Fährschiff oder lässt ihn durch die Rundkirche von Østerlars kullern. Im Pavillon trifft man sich zu klassischen Brettspielen. Hier trinkt man Kaffee und jagt bei „Scotland Yard" Verbrecher durch London, schleckt Eis und versucht Kniffel zu würfeln oder versucht sich an den Spielen des Jahres. *Strandvejen | Sommer tgl. 10–21 Uhr | 50 DKK/Pers. | sandvigminigolf.dk*

SCHNORCHELTOUR

So bunt wie auf den Malediven sind die Fische zwar nicht, aber auch Dorsche und Schollen sind nett anzuschauen. Mit einem Taucher und einem Meeresbiologen geht es in Sandvig zum Schnorcheln zu den Robben hinaus. *Strandpromenaden 14 | ab 200 Euro/Pers. | boatingbornholm.dk*

STRÄNDE

Klein, aber feinsandig, flach abfallend und somit ideal für Kinder ist *Næs Strand,* der südliche Strand von Allinge. Eine Badeleiter führt direkt ins Wasser. Vom Strand kann man die Küste entlang bis nach Sandkås wandern. Sandvigs Strände stehen für Ursprünglichkeit. Hier kannst du dich auf einem Felsenplateau ausruhen oder dir ein schattiges Plätzchen unter hohen Bäumen suchen.

RUND UM ALLINGE-SANDVIG

1 MOSELØKKEN

2 km westlich von Allinge/10 Min. mit dem Rad

Helm und Brille auf, Presslufthammer in die Hand! Nun darfst du dich in

Bornholms nördlichsten Punkt markiert der Leuchtturm Hammer Fyr auf Hammeren

dem alten Granitwerk als Bornholmer Steinhacker fühlen und den riesigen Steinen mal zeigen, was in dir steckt. Daneben bekommst du Einblicke in die Geschichte des Steinbruchs und schaust Steinmetzen über die Schulter. *Mai–Sept. Mo–Fr 9–16 Uhr | 80 DKK | moseloekken.dk |* C1

2 HAMMEREN ★

4 km bis zum Hammer Fyr nordwestlich von Allinge/15 Min. mit dem Rad
Wie eine Halbinsel ist dieser steile Granitfelsen (auch Hammerknude genannt) vom Rest der Insel abgetrennt. Nirgendwo sonst auf Bornholm genießt du eine so unvergleichliche Aussicht. Bei Outdoor-Aktivitäten erlebst du Adrenalinkicks und die Natur präsentiert sich besonders vielfältig. Das kleine Paradies entdeckt man am besten auf dem *Rettungsweg (367ture.dk),* einem für dänische Verhältnisse durchaus anspruchsvollen Wanderweg, der um Hammeren herumführt. Er gehört zu den schönsten Wanderwegen Dänemarks. In gemächlichem Tempo schaffst du die 7 km in drei Stunden und genießt unterwegs das Farbenspiel der gelben Wandflechte, des saftig-grünen Tüpfelfarns und des lila blühenden Heidekrauts.

Außer anderen Wanderern wirst du vermutlich auch einigen der über 600 Schafe und Lämmer begegnen, die hier ein Leben in Wind und Salzluft führen. Das aromatische Fleisch des *hammershuslam* wird in ausgewählten Restaurants köstlich zubereitet. Man kann es aber auch im Hofladen *Den Bornholmske Gårdbutik (Bjerrebakkevejen 2 | den-bornholmske-gaardbutik.dk)* kaufen, der sich allerdings in Vestermarie bei Rønne befindet. Mach unterwegs halt an der Kirchenruine *Salomons Kapel* aus dem 14. Jh. Hier be-

teten Heringsfänger und Hansekaufleute um guten Fang und gutes Geschäft. Das Herzstück von Hammeren ist der *Hammersø*. Der See liegt am Fuß der Talsohle, die Hammeren vom Rest der Insel trennt. Er ist natürlichen Ursprungs, während die beiden zauberhaften kleinen Seen, die wie Juwelen oberhalb des Hammersø glänzen, *Opalsø* und *Krystalsø*, wassergefüllte Steinbrüche sind.
Ganz unerwartet in dieser ruhigen Gegend, kannst du hier puren Nervenkitzel erleben: Stürz dich mit der *Tovbanen (Hammersøvej 4 | Juli–Mitte Aug. tgl. 10–17 Uhr | 160 DKK | tovbanen.dk)* nur an einem Seil befestigt mit 70 km/h knapp 250 m vom Felsen hinab in den Opalsø! Aus einer Laune heraus kamen einige Insulaner auf die Idee, eine Seilbahn über den See zu bauen. 2001 machten sie die ersten Versuche. Daraus ist inzwischen eine professionelle Bahn geworden. Handtuch und Badesachen müssen mitgebracht werden! Das reicht dir noch nicht? Dann buch doch einen *Rapelling-Kurs (ab 350 DKK | bornholmsoutdoorcenter.dk)* und seil dich 48 m über die steilen Felsen des Sees ab.
Schon wegen der traumhaften Aussicht solltest du die 62 Stufen des Leuchtturms *Hammer Fyr (in der Saison tgl. 10 Uhr–Einbruch der Dunkelheit | Eintritt frei | 30 Min.)* bis zur Aussichtsplattform erklimmen. Nach diesen sportlichen Höchstleistungen hast du dir eine Pause am *Hammerhavns Kiosken (Sænevej | tgl. 10–19 Uhr)* verdient. Marie Knudsen serviert hier leckere Sandwiches für wenig Geld. Lass dir ihr legendäres St.-Clemens-Sandwich mit Blauschimmelkäse aus der Bornholmer Meierei und Rucola-Bärlauch-Pesto nicht entgehen!
C1

3 HAMMERSHUS ★

4 km westlich von Allinge/15 Min. mit dem Rad

Hammershus ist die größte Burgruine Nordeuropas und die meistbesuchte Sehenswürdigkeit der Insel. Warum? Das ist schnell erklärt: Hier erlebst du Geschichte hautnah und die Lage der Burg ist einzigartig: Machtvoll wirkend, steht die Ruine auf der Spitze eines glatten Felsens. Beschriftungen lassen die alte Zeit lebendig werden. Sie weisen z. B. darauf hin, dass hier im frühen 17. Jh. jährlich unter anderem 12 t Rindfleisch, 5 t Salzhering, 10 t Dorsch und 1 t Essig verbraten und verzehrt wurden. Das machte Durst. Deshalb ging die Gerste, die von den Bauern geliefert wurde, eher für Bier als für Brot drauf: Die alten Ritter und ihre Helfer schluckten nämlich täglich angeblich 10 l davon – pro Kopf!
Knapp 200 m östlich der Ruine erwartet dich das *Besucherzentrum (tgl. 10–17, Juli/Aug. 9–17 Uhr | Eintritt frei)*, das in einen Felshang hineingebaut ist. Von den Terrassen genießt du einen einmaligen Blick auf die Burgruine. Wer die Ausstellung besucht, bekommt schnell einen Eindruck vom Leben auf der Burg. *C1*

4 SLOTSLYNGEN ★

5 km südwestlich von Allinge/20 Min. mit dem Rad

Das große Heidegebiet, das sich südlich von Hammershus bis kurz vor

Vang hinzieht, ist das reinste Naturparadies. Eine Vielzahl an Wanderwegen *(367ture.dk)* führt hindurch. Entlang der steilen Küsten brüten Felsentauben und Silbermöwen. Doch die eigentlichen Stars sind die Alke, Seevögel, die wie Miniaturpinguine aussehen.

INSIDER-TIPP
Nach 100 Jahren auferstandene Tarantel

Bis 1990 galt die einzige Vogelspinne Dänemarks, die Tapezierspinne, als ausgestorben – dann wurde sie hier wieder entdeckt. Sie ist samtbraun und kann bis zu 30 cm groß werden. Keine Angst: Für Menschen ist sie ungefährlich. *C1–2*

5 BORNHOLMS TEKNISKE SAMLING

5 km südwestlich von Allinge/20 Min. mit dem Rad

Das familiär geführte Museum ist spannender, als sein Name „Technische Sammlung" vermuten lässt: Werkzeug, Spielsachen, Radios, alte Traktoren – Technik und Bauernkultur aus der ersten Hälfte des 20. Jhs. *Børrelyngvej 48 | Juni–Okt. tgl. 10–17 Uhr | 75 DKK | bornteksamling.dk | C2*

6 SANKT OLS KIRKE ★

5 km südlich von Allinge/20 Min. mit dem Rad

Die um 1150 entstandene Kirche im Dorf *Olsker* ragt so weit übers Land hinaus, dass Seeleute den Kurs nach ihr ausrichten. Wie die anderen Rundkirchen war sie einst eine wehrhafte Zufluchtsstätte. Der Glockenturm steht auch hier separat. Sehenswert sind die schöne Renaissancekanzel, ein alter Taufstein und ein moderner Keramikaltar des heimischen Künstlers Gunnar Hansen. *Rønnevej 51 | Mo–Fr 8–17 Uhr | 10 DKK | C2*

Größte Burgruine Nordeuropas: kein Wunder, dass Hammershus ein Besuchermagnet ist

7 LENNY GOLDENBERG

7½ km südlich von Allinge/30 Min. mit dem Rad

Der freundliche Kanadier, der da tief im Wald seit Jahrzehnten erfolgreich arbeitet, gehört ganz sicher zu den ideenreichsten unter den Bornholmer Keramikkünstlern. Er stellt so nützliche Dinge wie Brotkästen, Regale und Mörser her, schafft aber auch so spannende Sachen wie steinerne Bücher auf Säulen. Geöffnet ist, „wenn ich zu Hause bin". Verkauf auch im Kunsthandwerkerladen in *Svaneke (Bykilden 1). Fåregårdsvej 20 | Tel. 56 48 43 01 | goldenbergceramics.dk* | *D2*

8 RUTSKER HØJLYNG

12 km südlich von Allinge/45 Min. mit dem Rad

Da hätte auch Obelix seine liebe Not gehabt: 20 bzw. 7 t wiegen die beiden größten der Wackelsteine in der Hochheide *Højlyng* nördlich der Straße von Klemensker nach Rø. Solche Felsbrocken aus der Eiszeit liegen in kleinerer Form überall zwischen der lila blühenden Erika und den duftenden Wacholderbüschen verteilt. Nimm ein Fernglas mit, denn während der Dämmerung kann man hier Rehe beobachten. Wanderwege beginnen am Parkplatz *Slettevej*. *D3*

So beschaulich und unspektakulär wie der Ort präsentiert sich auch sein Strand: Sandkås

9 TEJN-SANDKÅS

6 km bis Tejn südöstlich von Allinge/ 20 Min. mit dem Rad

Aus dem einst eher beschaulichen Fischerdorf Tejn ist ein moderner Fischereihafen geworden, der inzwischen drittgrößte nach Rønne und Nexø. Der Ortsteil Sandkås, der sich nördlich an Tejn anschließt, hat keinen Ortskern und überhaupt kein eigenes dörfliches Gepräge. Mehrere gute Hotels und vor allem zwei schöne Strände haben aus Sandkås jedoch ein (ruhiges) Zentrum des Fremdenverkehrs zwischen Gudhjem und Allinge gemacht.

Der Juwelier *Per Suntum (Møllegade 11 | Tel. 56 44 22 2 | suntum.nu)* am Ortsrand von Tejn zählt zu Bornholms herausragenden Schmuckkünstlern und hat über die Insel hinaus Renommee erworben. Seine filigranen Broschen, Ohrringe und anderen Objekte, zum Teil in Zusammenarbeit mit der Japanerin Kaori Juzu aus Allinge entworfen, werden auf Ausstellungen in aller Welt gezeigt. Besuche sind willkommen, wenn du dich anmeldest.

Das Restaurant im *Stammershalle Badehotel (Sdr. Strandvej 128 | Tel. 56 48 42 10 | So-Abend geschl. | stammershalle-badehotel.dk | €€€)* 2 km südlich von Tejn gehört zu den besten der Insel. Hier kannst du Austern mit Champagner genießen oder dich von den edlen Hauptgerichten verführen lassen. Legendär ist der Sonntagsbrunch mit viel Hausgemachtem aus regionalen Zutaten wie dem Müsli mit zarten Haferflocken, knackfrischen Nüssen und Früchten. Für den Brunch solltest du lange im Voraus reservieren! 🕮 D2

INSIDER-TIPP
Hausgemacht für Körnerfresser

10 DØNDALEN

9 km südöstlich von Allinge/35 Min. mit dem Rad

Eine imposante Felsschlucht mit Dänemarks größtem Wasserfall (20 m); nach seinem Tosen oder Donnern ist das Tal benannt. Der Weg zum „Donnertal" geht zwischen Helligdommen und Stammershalle von der Küstenstraße ab. Bärlauchsammler haben es hier leicht: Das Lauchgewächs kommt in Massen vor, der intensive Knoblauchgeruch ist im Frühjahr schon bei der Anfahrt zu spüren. 🕮 D–E2

11 BORNHOLMS KUNSTMUSEUM ★

9½ km südöstlich von Allinge/40 Min. mit dem Rad

Das Museum ist eine architektonisch gelungene Verbindung von Natur, Kunst und Bornholmer Kreativität. Äußerlich wie in seinen Exponaten und Sonderschauen spiegelt das Haus die Verbindungen sehr unterschiedlicher Künstler zu dieser Insel wider. Im Mittelpunkt stehen Malerei, Keramik und Glas. Natürlich ist die sogenannte Bornholmer Malerschule (z. B. Karl Isakson, Kræsten Iversen und Oluf Høst) herausragend vertreten. Achte auf das Rinnsal, das sich durch den Bau zieht: Es ist der Bach, der aus der benachbarten „heiligen" Quelle *(Helligdommenen)* entspringt. *Juni–Aug. tgl., April/ Mai und Sept./Okt. Di–So 10–17, Nov.–März Do/Fr 13–17, Sa/So 10–17 Uhr | 90 DKK | bornholms-kunstmuseum.dk | 2–3 Std. |* 🕮 E2

OSTKÜSTE & CHRISTIANSØ

ZWEI BESONDERS HYGGELIGE STÄDTCHEN

Svaneke oder Gudhjem – welches Städtchen ist malerischer, idyllischer, schöner? Es ist ein müßiges Spiel. Unstrittig ist nur dies: Der Weg zwischen den beiden Orten ist so eine Art Highway No. 1 von Bornholm und vielleicht sogar die schönste Küstenstraße von ganz Dänemark.

Das Meer als Naturwunder – nirgendwo wird es so deutlich wie hier. Die Ostsee hat das Land ausgewaschen, geformt und geprägt. Was geblieben ist, ist das, was Urlauber magisch anzieht: ein Bild, das du

Sommerliches Stillleben an der Ostküste: Kornfeld bei Gudhjem

aufsaugst, das auch nach Monaten noch präsent ist und das dich immer wieder nach Bornholm zurückzieht. Sieh dir die gewaltigen Granitblöcke an den Klippen von Randkløve an – gut 20 m hoch erheben sie sich hier.

Dann wandert der Blick über die See nach Osten, hinüber nach Christiansø zu den sogenannten Erbseninseln, den Ertholmene. Steig in das Boot, das dich hinüber bringt, lass dich von der Sonne bräunen und von den Wellen schaukeln!

OSTKÜSTE & CHRISTIANSØ

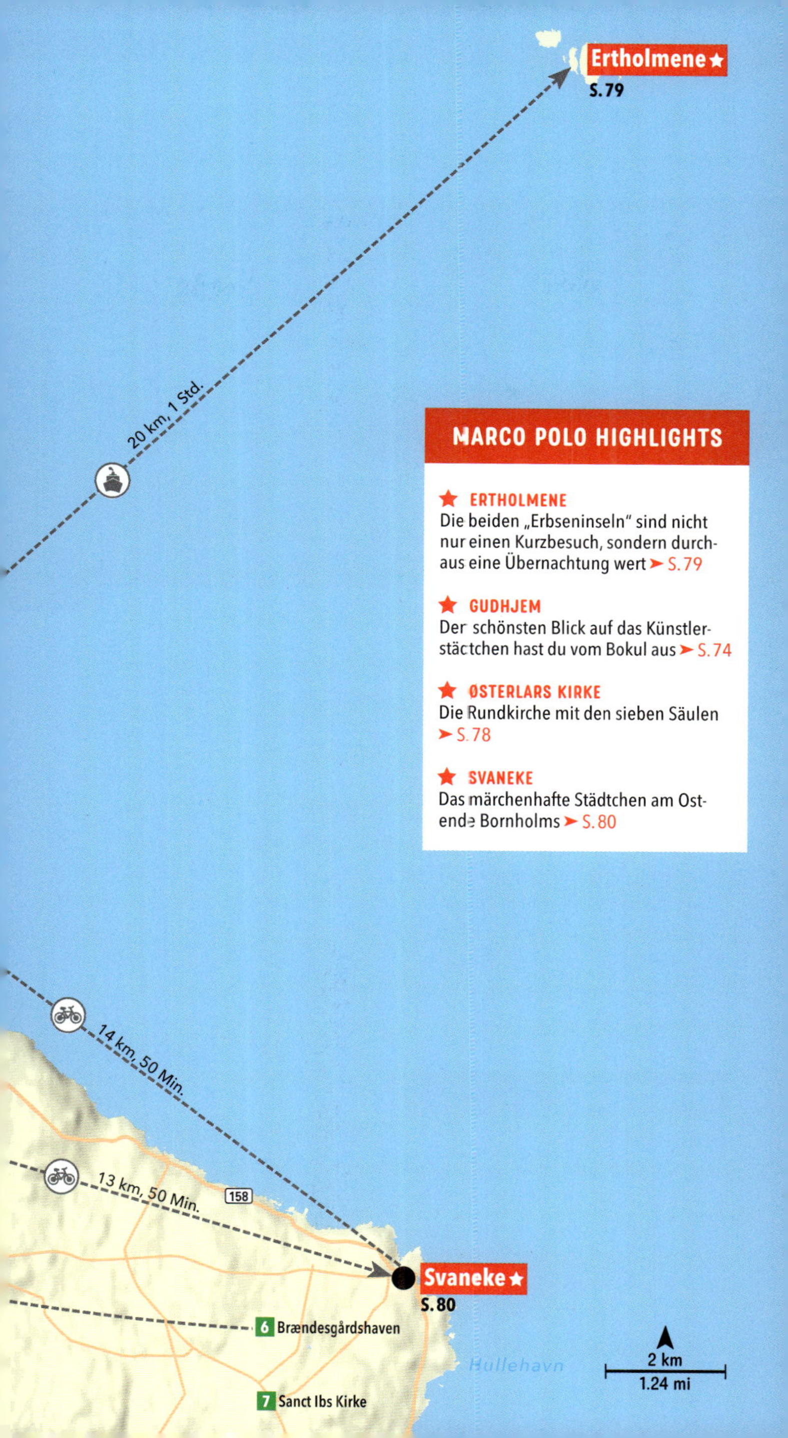

MARCO POLO HIGHLIGHTS

★ **ERTHOLMENE**
Die beiden „Erbseninseln" sind nicht nur einen Kurzbesuch, sondern durchaus eine Übernachtung wert ➤ S. 79

★ **GUDHJEM**
Den schönsten Blick auf das Künstlerstädtchen hast du vom Bokul aus ➤ S. 74

★ **ØSTERLARS KIRKE**
Die Rundkirche mit den sieben Säulen ➤ S. 78

★ **SVANEKE**
Das märchenhafte Städtchen am Ostende Bornholms ➤ S. 80

Das Meer immer im Blick: Panorama über die Dächer von Gudhjem auf die Ostsee

GUDHJEM

(📖 F3) **Wer als Erstes auf den Hausberg steigt, den Felsen Bokul, und von dort 50 m auf ★ Gudhjem hinabsieht, wird den geradezu mediterranen Reiz des Städtchens (720 Ew.) schnell wahrnehmen.** Besonders malerisch ist der *Hafen,* in dessen Mitte Bornholms betriebsamste Jugendherberge in einem alten Kaufmannshof untergebracht ist.

SIGHTSEEING

OLUF HØST MUSEET

Dem Künstler ganz nah: Hier in der Villa Norresån hat der Bornholmer Maler (1884–1966) bis zu seinem Tod gewohnt und gearbeitet. Besucher können seine Werke und Teile seines Mobiliars bewundern und einen Blick in sein Atelier werfen. Dazu gibt es ein Café, einen malerischen Garten und wechselnde Ausstellungen. *Løkkegade 35 | Mai–Mitte Okt. tgl. 11–17 Uhr | 85 DKK | ohmus.dk*

GRÅMYR

Nach Reinigung und Regeneration bezaubert der Waldsee heute mit einer Fülle bunt blühender Wasserpflanzen – ein Paradies für Frösche und Vögel. Allein diese Seerosen! Und man kann hier wirklich Rehe sehen, ohne stundenlang auf der Lauer zu liegen. *Zugang von der Hauptstraße nach Allinge*

GUDHJEM MUSEUM

Züge halten längst nicht mehr im alten Bahnhof von 1916. Dafür bekommt man hier Bilder von Oluf Høst zu sehen, Textilsammlungen, eine Handschuhmacherei und viel Keramik. *Stationsvej 1 | Mai–Okt. tgl. 13–17 Uhr | 50 DKK | gudhjemmuseum.dk*

MELSTEDGÅRD

500 m südlich von Gudhjem, über einen schönen Klippenweg zu erreichen, wird hier lebendig gezeigt, wie sich das bäuerliche Leben im 19. Jh. abgespielt hat. In den Ställen wird nach wie vor Vieh gehalten und an manchen Tagen kann man miterleben, wie das Heu nach alter Tradition eingebracht wird und wie früher Gemüse und Beeren eingekocht wurden. Bei Redaktionsschluss war die Zukunft jedoch leider ungewiss, aktuelle Infos auf *gaarden.nu* oder *bornholmsmuseum.dk. Melstedvej 25*

ESSEN & TRINKEN

KJÆRSTRUP

Das beste Eiscafé der Insel! Es begann 1999 mit einer Cremeschnitte, die zunächst nur unter Insulanern als kulinarisches Highlight galt und später auch unter Touristen den Siegeszug antrat. Danach gab es eine Auszeichnung nach der anderen, einen Ableger in Kopenhagen und mobile Eiswagen. Inzwischen eine Institution auf der Insel. *Sommer tgl. 11–22 Uhr | Ejnar Mikkelsensvej 21*

BECH CHOKOLADE

Mitten auf dem Marktplatz genießt man leckere Schokoladenkreationen und eine Tasse Kaffee. Den Panoramablick übers Meer gibt es kostenlos dazu. Spezialität des Hauses ist der Bornholmer Honigkuchen. Im Juli gibt es jeden Sonntag Livemusik. Zum Café gehört ein Geschäft, wo du neben Schokolade auch Bornholmer Senf, erlesene Süßigkeiten und Marmelade

Zeitreise ins bäuerliche Bornholm des 19. Jhs.: Melstedgård

kaufen kannst. *Ejnar Mikkelsensvej 19 | Ostern–Mitte Okt., Kernzeit tgl. 11–17 Uhr, im Sommer länger | bechcho kolade.dk*

GUDHJEM RØGERI

Eine Inselräucherei ist wie die andere? Von wegen! Die in Gudhjem bietet nicht nur ein leckeres Fischbuffet mit allerlei Salaten, sondern auch ein Grillbuffet und Livemusik. *Ejnar Mikkelsensvej 9 | Tel. 56 48 57 08 | April–Okt. tgl. | smokedfish.dk | €€*

SHOPPEN

HODDAN

Du liebst Gestricktes und Gewebtes? Dann schau mal bei Hoddan am Hafen vorbei. Hier findest du u. a. Schals aus Merinowolle, Umhänge aus 100 % Lammwolle und kuschelig weiche Babydecken. *Ejnar Mikkelsensvej 17 | tgl. 11–16 Uhr | hoddan.dk*

KARAMEL KOMPAGNIET

Butterkaramellbonbons mit Salz, Erdnusstoffees und Salzlakritzlutscher sind echte Versuchungen. Himmlisch lecker sind auch die Schokoriegel mit Kokos oder Lakritze. *Holkavej 2 | April–Mitte Okt. tgl. 9–18 Uhr, Juni–Aug. länger | karamelkompagniet.dk*

SPORT & SPASS

GUDHJEM SVØMMEHAL

Eine Badeattraktion für die ganze Familie zum kleinen Preis, die jedoch nur wenige Stunden pro Tag geöffnet ist. Es gibt eine Rutschbahn, einen Sprungturm, Ruheliegen und Massage. Das Bad veranstaltet regelmäßig Discoabende und saisonale Feste. *Sports-*

lækker, lækker, lækker: Ein Bornholmer Softeis ist der ultimative Schlechte-Laune-Killer

vænget 16 | saisonal gestaffelte Zeiten s. Website | 40 DKK, Kinder bis 14 Jahre 25 DKK | gudhjemsvoemmehal.dk

OLUF-HØST-SPAZIERGANG

Am Wohnhaus des berühmtesten Malers der Insel am Hafen Nørresand nordwestlich von Gudhjem beginnt eine kurze Wanderung auf den Spuren des Künstlers. Sie führt zunächst an den Klippen entlang, dann geht es weiter über den Rettungsweg bis zum Prinzessinnengarten und der angrenzenden Apfelplantage am Heidegebiet. Hier hat Høst oft gesessen und gemalt. Rechts liegt der Hof Bognemark, wo Høst lange lebte und berühmte Sonnenuntergänge malte. Der Weg führt durch das Gråmyr bis zum Bokul. Das Panorama von hier oben ist traumhaft – verständlich, dass Oluf Høst von diesem Ort fasziniert war und hier auch die meisten seiner Bilder malte.

TOUR MIT THOR

Vom Wasser aus ist Bornholm noch schöner anzusehen. Mehrmals täglich bricht die Thor, ein 10 m langes Motorschiff, zu Fahrten von Gudhjem zu den Helligdomsklipperne auf. Die Fahrt kann mit einem Besuch des Kunstmuseums kombiniert werden. Besonders eindrucksvoll sind die Sonnenuntergangstouren. *Tel. 23 83 51 65 | 125 DKK | ms-thor.dk*

STRÄNDE

MELSTED STRAND

Der Sandstrand ist am Ufer und im Wasser teilweise von Felsen durchzogen. Gerade das macht seine Außergewöhnlichkeit aus. Da das Wasser nur langsam tiefer wird, eignet er sich auch für weniger gute Schwimmer. Allerdings sollte man nicht zu weit hinausschwimmen, denn nach etwa 100 m wird es abrupt tief und es gibt Strömungen. Parkplatz und Toiletten direkt am Strand. *Zugang über Bækken oder Melsted By*

RUND UM GUDHJEM

1 RØ

6½ km westlich von Gudhjem/ 25 Min. mit dem Rad

Urwaldfeeling pur gibt es im *Til Tops (Brommevej 10 | Tel. 56 48 48 40 | Öffnung nur nach Buchung | ab 299 DKK | bornholmklatrebane.dk)*: Vier Kletterparcours führen über Hängebrücken und frei schwebende Leitern durch den Wald.

Im *Restaurant Rø (Røvej 51 | Tel. 56 48 40 38 | bornholm-restaurant.dk | €)* schließt Elly Mortensen einmal die Woche für ihre altdänischen Spezialitäten wie *flæskesteg* (Schweinebraten) auf. Jeden Sonntagabend ab 16.30 Uhr speisen hier bis zu 200 Gäste für wenig Geld – unbedingt reservieren!

Etwa 1,5 km weiter südlich hat ein Künstlerehepaar seine Werkstatt: die Bornholmerin Gerd Hiort Petersen und ihr Mann Hans Munck Andersen, beide hoch angesehene und vielfach ausgezeichnete Keramik- und Porzellankünstler *(Puggevej 3 | Besuch n. V. unter Tel. 56 48 41 90).* E3

Größte Rundkirche der Insel: Allein die Mauer von Østerlars ist 2,15 m stark

2 RØ PLANTAGE

7 km südwestlich von Gudhjem/ 25 Min. mit dem Rad

Dieses heute so natürlich und alt wirkende Waldgebiet, das zweitgrößte auf Bornholm, wurde erst um 1870 angelegt. Davor war es Hochheide, stark genutztes Weideland. Im Sumpfgelände und in den kleinen Mooren können botanisch Interessierte eine Vielzahl seltener Pflanzen entdecken. Tierfreunde haben gute Chancen, Rehe zu beobachten. Für Vogelliebhaber: Der Forst ist Heimat mehrerer Schwarzspechte. *E3–4*

3 STAVSDAL HØJLYNGSGÅRD

9½ km südwestlich von Gudhjem/ 35 Min. mit dem Rad

INSIDER-TIPP **Woll-Lust und andere Scherereien**

Von glücklichen Schafen umgeben, kannst du hier handgestrickte Pullover aus Schafswolle und Lederklamotten aus gegerbter Schafshaut kaufen. Ellen Bendtsens blökende Lämmchen liefern edle Garne und saftige Keulen. Jedes Kleidungsstück ist ein Unikat und der Hofladen bietet die Finde-ein-Mitbringsel-für-Daheimgebliebene-Garantie. *Søndre Lyngvej 37 | Årsballe | tgl. 12–18 Uhr | E4*

4 ØSTERLARS

5½ km südlich von Gudhjem/20 Min. mit dem Rad

Die größte und älteste Rundkirche der Insel, die ★ *Østerlars Kirke (Mo–Sa 9–17, So 13–17 Uhr | 20 DKK | oesterlarskirke.dk),* wurde um 1150 gebaut und bringt sogar Atheisten ins Schwärmen. Sieben dicke Stützpfeiler geben der Kirche das charakteristische Bild.

Eingelegtes und Würziges mit Kräutern, Obst und Gemüse aus dem eigenen Garten führt *Camilla's Condimenter (Stavsdalvej 54)* am westlichen Ende von Østerlars. Neben besonderen Senf- und Ketchupsorten kreiert Camilla köstliche Chutneys, Relishes und Pickles aus Äpfeln und Blumen, Marmeladen aus Beeren und Ingwer und experimentiert mit neuen Zutaten.

Ein historisch orientierter Erlebnisplatz ist das *Middelaldercenter (Stangevej 1 | saisonal gestaffelte Zeiten und Preise s. Website | bornholmsmiddelaldercenter.dk | 2–3 Std.):* Märkte,

Werkstätten und Ritterturniere zeigen den Alltag des 14. Jhs. *F4*

5 BALTIC SEA GLASS

3 km südöstlich von Gudhjem/ 10 Min. mit dem Rad

Unter den etablierten Glasbläsern, die für ein breites Publikum arbeiten, ragen Pete Hunner und Maibritt Jönsson noch immer heraus. *Melstedvej 47 | tgl. 10–17 Uhr | balticseaglass.com | F3*

ERTHOLMENE

(H–J1) ★ **Ertholmene, „Erbseninseln", ist der offizielle Name für die winzige Inselgruppe östlich von Bornholm.**

Keiner weiß, ob der Name wirklich vom dänischen Wort für Erbsen *(ærter)* abgeleitet ist. Einige Schären, ein paar Felsen und drei Inselchen – zwei davon sind mit insgesamt gut 80 Ew. besiedelt – bilden den kleinen Archipel.

Von Gudhjem fahren in der Saison täglich mehrere Schiffe nach Christiansø. Die etwa einstündige Fahrt kostet in der Hochsaison 250 DKK hin und zurück. *christiansoefarten.dk*

SIGHTSEEING

CHRISTIANSØ

Auf der größten der Erbseninseln (710 m lang, 430 m breit) fällt dir als Erstes der 1684 errichtete *Store Tårn (April–Okt. tgl. 8–14, Juni bis 16, Juli/ Aug. bis 19 Uhr | 40 DKK für Lille und Store Tårn, Eintrittskarten nur im Fährkontor in Gudhjem, auf den Fähren sowie am Kiosk und bei der Touristeninformation auf Christiansø)* ins Auge, der Große Turm. Ein Muss ist der Besuch der *Kirche* mit ihren kalkweißen Innenwänden, des Glockenturms und der zauberhaften Gärten auf dem Oberland. Auf der ganzen Insel wächst wilde Petersilie. Die ist bei Köchen so beliebt, dass sie mittlerweile gezüchtet und in großem Stil gehandelt wird. Im Frühjahr und im Herbst machen über 300 Zugvogelarten halt auf der Insel. *christiansoe.dk*

INSIDER-TIPP **Unkraut für Sterneköche**

FREDERIKSØ

Traust du dich über die alte Hängebrücke aus dem Jahr 1912 auf die Nachbarinsel? Hier wartet im kleinen,

„Erbse in Sicht!" könntest du rufen, wenn Christiansø bei der Anfahrt ins Blickfeld gerät

1685–87 erbauten Turm das Museum *Lille Tårn (Zeiten und Presie wie Store Tårn)* mit Erinnerungen an die Festungszeit. Er diente einst als Wachturm mit Pulverkammer und während der Choleraepidemie als Lazarett.

ESSEN & TRINKEN

CHRISTIANSØ GÆSTGIVERI

Ein historisches Restaurant und Hotel mit 100 Jahren Tradition! Hering in Kräutersauce, ein kühles Bier an der Outdoor-Bar und dabei den unvergesslichen Sonnenuntergang einfangen. *Tgl. | Tel. 56 46 20 15 | christiansoekro.dk | €€*

Hafen in Svaneke: Hier herrscht tatsächlich noch Betrieb in Sachen Barsch und Dorsch

SVANEKE

(H5) Das östlichste Städtchen der Insel, ★ Svaneke (1040 Ew.), wurde 2013 zur schönsten Kleinstadt Dänemarks gewählt. Hier geht – von den Erbseninseln einmal abgesehen – die Sonne über Dänemark auf.

SIGHTSEEING

MARKTPLATZ

Ein beschaulicher Ort mit bunten Fachwerkhäusern, der sich jeden Samstag in eine Flaniermeile verwandelt. Dann tanzen Folkloregruppen, es gibt Livemusik und der ganze Platz ist mit Buden geschmückt. Zum Verkauf stehen Inselprodukte, Trödel und Bekleidung, es gibt gebratenen Fisch und ein Planwagen lädt zum Mitfahren ein.

HAFEN

Sind die Bornholmer Häfen nicht alle gleich? Nein, ganz gewiss nicht! Im Hafen von Svaneke riecht es noch richtig nach Fisch. Hier trocknen die Netze in der Sonne und hier werkeln die Fischer noch selber an den Booten. Jeden Dienstag von 11 bis 12.15 Uhr verkauft Skipper Bo Grønbech Johansen frischen Kabeljau, Lachsfilets, Scholle und Hummerschwänze. Balancier einfach übers steinige Ufer, such dir ein schönes Plätzchen, halte die Füße in die Ostsee und genieß den traumhaften Ausblick aufs Meer – das ist Inselurlaub!

INSIDER-TIPP
Futter vom Kutter

Mit den Füßen im Sand die Hafenromantik genießen: charmantes Svaneke

ESSEN & TRINKEN

RESTAURANT BRYGHUSET

Der charismatische Deutsche Jan Paul hat die Brauerei *(Svanevang 10)* über die Landesgrenzen hinaus bekannt gemacht. Sie wurde 2020 zum Unternehmen des Jahres auf Bornholm gewählt, das „First Mate" wurde bei den World Beer Awards mit Bronze ausgezeichnet. Hier braut er Biere mit kräftigem Aroma aus Lakritz oder Chili. Die serviert er zu leckeren Fisch- und Fleischgerichten im Restaurant. *Svaneke Torv 5 | Tel. 56 49 73 21 | tgl. | svanekebryghus.dk | €€€*

FLÆSKESTEGEN

Kioskatmosphäre wie im Ruhrgebiet! Auf einer Anhöhe südlich vom Hafen steht unscheinbar diese gelbe Holzhütte. In dem Kiosk werden die besten Hamburger der Insel kreiert. Entweder traditionell mit *flæskesteg,* den typischen Hackfleischscheiben, oder in vegetarischer Form, reichlich garniert und mit Saucen verfeinert. *Østergade 2 | Mi–So 11–18 Uhr | €*

B'S FISKE VÆRKSTED

Frischer geht es nicht! Der Fisch kommt direkt vom Kutter in die Pfanne und wird am eigenen Strand mit Liegestühlen und Tischen serviert. Der Imbiss hat Kultstatus! *Gruset 2 | Tel. 56 49 29 49 | tgl. | fiskevaerkstedet.dk | €€*

SHOPPEN

PERNILLE BÜLOW

Pernille Bülow ist die Topglaskünstlerin der Insel. Begleite sie an die

Glasöfen und lass dich von dem außergewöhnlichen Design faszinieren! *Brænderigænget 8 | Mo–Fr 9–17.30, Sa/So 9–16 Uhr | pernillebulow.dk*

DRAM & DIALEKT

Ein hochprozentiger Laden! Hier gibt es Gin, Wodka oder andere Brände aus lokalen Schnapsbrennereien mit Honiggeschmack, Lakritzaroma oder pur und liebevoll in dekorativen Flaschen abgefüllt. *Brænderigænget 6a | tgl. 11–17 Uhr | Facebook*

LAKRIDS BY BÜLOW

In Goldstaub gerollte Lakritzbonbons oder feine weiße Schokolade, mit Lakritzpulver bestäubt, sind nur zwei der edlen Lakritzprodukte, die hier zur Auswahl stehen. 2007 eröffnete Johan Bülow einen kleinen Laden. Die Leute rissen ihm die süßen Teile schneller aus der Hand, als er kochen konnte. Heute verkauft er die Lakritzbonbons sogar in Dubai! *Glastorvet 1 | Mo–Fr 9–17.30, Sa/So 9–16 Uhr | lakridsbybulow.dk*

Wenn's um die Wurst geht, fahr nach Østermarie zum Hallegaard!

PLANTAGEN

Die Gurken krumm, die Kartoffeln voller Dreck: So muss bio aussehen! Dazu selbst gemachte Marmelade, Senf, Honig, Brennholz und Gartenmöbel, auch die natürlich selbst gezimmert. Hier gibt man Arbeitslosen wieder eine sinnvolle Beschäftigung und schätzt den Wert ihrer Arbeit. Wirklich erstklassige Bioware! *Østermarievej 4e | tgl. 8–14 Uhr*

SPORT & SPASS

HULLEHAVN HAVNEBAD

Am östlichen Ortsrand beim Leuchtturm liegt ein kleiner Strand mit Naturschwimmbad, Kiosk und Beachvolleyballfeld sowie 2-m-Sprungbrett am Ende des Stegs – die einzige Wippe auf ganz Bornholm, um sich in die Ostsee zu stürzen. *Zugang über die Skovgade | April–Mitte Sept. tgl.*

RUND UM SVANEKE

6 BRÆNDESGÅRDSHAVEN

3½ km südwestlich von Svaneke/ 15 Min. mit dem Rad

In der *Svævebane* über den Park schweben, sich im *Nautic-Jet* in die Tiefe stürzen oder sich im *Luna Loop*

Svanekes schwarzes Gold: Im Lakrids by Bülow bist du im Lakritzehimmel

kopfüber drehen: In diesem Freizeitpark wird dir garantiert nie langweilig. Im Zoo zeigen Lemuren und Kängurus ihre akrobatischen Kunststücke. An heißen Tagen lockt das *Wasserland* mit Rutschbahnen, Schwimmbad und Kinderpool. *Højevejen 4 | saisonal gestaffelte Zeiten und Preise s. Website | braendesgaardshaven.com* | H5

7 SANCT IBS KIRKE

3½ km südwestlich von Svaneke/ 15 Min. mit dem Rad

Der eindrucksvolle romanische Bau stammt aus dem 12. Jh. Der dicke Turm diente früher der Verteidigung und wurde vermutlich auch als Lagerhaus benutzt. *Tgl. 8–15.30 Uhr | Facebook* | 15 *Min.*

1 km südlich der Kirche liegt der urige Laden *Nisse & Trolde Kompagniet (Ibskervej 41 | nisseogtroldekompagniet.dk)* mit handgemachten Weihnachtszwergen *(nisser)* und Bürsten und Besen aller Art. In der angeschlossenen Werkstatt kannst du dem letzten noch verbliebenen Bürstenbinder der Insel über die Schulter schauen. H5

8 ØSTERMARIE

8½ km westlich von Svaneke/30 Min. mit dem Rad

Schon wegen der Kuchentafel mit Sahnetorten, Obstkuchen und Kleingebäck in *Fru Petersens Café (Almindingensvej 31 | stark gestaffelte Zeiten s. Website | frupetersenscafe.dk)* musst du nach Østermarie fahren. Auf dem *Hallegaard (Aspevej 3 | tgl. 11–17 Uhr | hallegaard.dk)* wird die Wurst noch nach alter Tradition hergestellt – und das schmeckt man! Kein Wunder, dass Hallegaard als die beste Metzgerei der Insel gilt. Metzger Jørgen lässt die Wurst lange reifen – das kann schon mal acht Wochen dauern. F–G 4–5

INSIDER-TIPP
Reifeprüfung

DER SÜDEN

FAMILIENPARADIES AN BORNHOLMS BADEKÜSTE

Was für ein Panorama, was für eine Landschaft! Mehrere Hundert Meter staffeln sich die weißen Dünen vom Strand ins grüne Land hinein. Vom Leuchtturm in Dueodde überschaust du das gesamte südliche Drittel der Insel, blickst aus fast 50 m Höhe aufs Meer hinaus. Zur anderen Seite geht der Blick auf weiße Kirchen, die aus den gelbgrünen Feldern ragen, auf rote, gelbe und weiß geschlämmte Bauernhöfe, einsam auf Hügelkuppen oder an den Rand eines Wäldchens gekuschelt.

Die Südküste ist über weite Strecken eine einzige Sandkiste: Strand bei Dueodde

Taubenkap: Das ist die Bedeutung von Dueodde – oder ist doch, wie manche Sprachforscher meinen, *Dødens Odde* gemeint, Todeskap, weil hier früher zuweilen Schiffe strandeten? So fein ist hier der Sand, dass er früher in den Schreibstuben des Königreichs nicht nur benutzt wurde, um Tinte auf Papier zu trocknen, sondern auch für Sanduhren. Heute ist der weiße Strand von Dueodde das Synonym für Badeferien auf Bornholm: 25 km mal schmaler, mal breiter Sandstrand von Boderne im Westen bis Balka im Osten.

DER SÜDEN

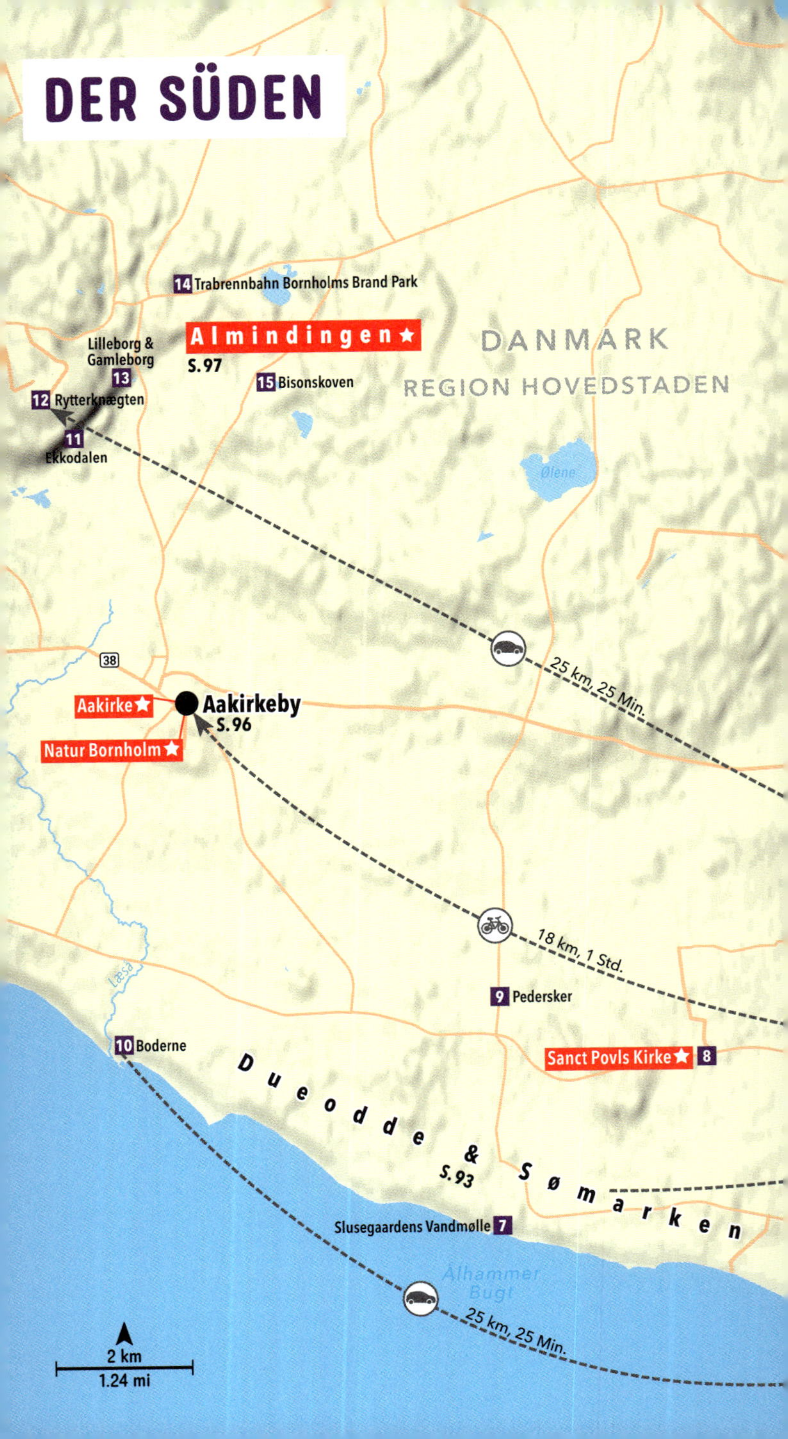

14 Trabrennbahn Bornholms Brand Park
Almindingen ★
S. 97
Lilleborg & Gamleborg
13
12 Rytterknægten
11
Ekkodalen
15 Bisonskoven
DANMARK
REGION HOVEDSTADEN
Ølene
25 km, 25 Min.
38
Aakirke ★
Aakirkeby
S. 96
Natur Bornholm ★
18 km, 1 Std.
9 Pedersker
Læså
10 Boderne
Dueodde & Sømarken
S. 93
Sanct Povls Kirke ★ 8
Slusegaardens Vandmølle 7
Alhammer Bugt
25 km, 25 Min.
2 km
1.24 mi

MARCO POLO HIGHLIGHTS

★ **STRAND VON DUEODDE**
Der breiteste Strand mit dem feinsten Sand ➤ S. 94

★ **SANCT POVLS KIRKE**
Ihr Glockenturm ist ein beliebtes Inselmotiv ➤ S. 95

★ **AAKIRKE**
Die älteste und größte Kirche der Insel, der „Bornholmer Dom" ➤ S. 96

★ **NATUR BORNHOLM**
Hier wird Natur spannend erklärt ➤ S. 97

★ **AARSDALE**
Herrlicher Dreiklang: Hafen, Holländermühle und eine gemütliche Räucherei ➤ S. 90

★ **PARADISBAKKERNE**
Das Naturschutzgebiet trägt seinen Namen zu Recht ➤ S. 90

★ **SØRENS VÆRTSHUS IN SNOGEBÆK**
Vielleicht die urigste Kneipe der Insel ➤ S. 92

★ **ALMINDINGEN**
Wunderschönes Wanderrevier mit Höhepunkten wie Bornholms höchstem Berg und dem Echotal ➤ S. 97

Stillleben mit Dannebrog und Fischkutter: am Hafen in Nexø

NEXØ

(🕮 H6) **Kaum jemand auf Bornholm benutzt die angeblich offizielle Schreibweise Neksø, auch Behörden, Museen und Geschäfte haben sich auf das X in ihrem Stadtnamen geeinigt, der ja durch Martin Andersen Nexø (1869–1954) sogar Eingang in die Weltliteratur gefunden hat.**

Die Stadt (3650 Ew.) selbst steht in Kontrast zum fast paradiesisch anmutenden Strandleben in ihrer Umgebung. „Aussicht gibt es hier genug – wenn nur die Aussichten ein wenig besser wären": So zitiert Andersen Nexø, der in der Stadt in sehr bescheidenen Verhältnissen aufwuchs, seine Mutter. Manche Besucher empfinden die Melancholie vergangener Größe, die über der industriell geprägten Stadt liegt, bis heute, vor allem im größten Fischereihafen der Insel, in dem viele alte Kutter dümpeln.

Während andere Ortschaften auf Bornholm Freilichtmuseen ähneln, gibt es hier neben herausgeputzten Katen auch den Industriehafen mit Silos, Lagerhallen und rostigen Kähnen. Tatsächlich ist der Fischfang weiterhin ein wichtiger Wirtschaftszweig. Pro Jahr wird hier Fisch im Wert von mehr als 50 Mio. Euro angelandet. Dass man in den Straßen von Nexø häufig Polnisch hört, ist der Fährverbindung nach Kołobrzeg geschuldet: Neben dänischen und deutschen Touristen entdecken immer mehr polnische Reisende die Insel.

SIGHTSEEING

DBJ MUSEUM

Ein Eisenbahnmuseum auf Bornholm?! Ja, über die Insel fuhr bis 1968 eine Eisenbahn. Viele der ehemaligen Bahnstrecken sind heute zu Radwegen umgebaut. Das Museum ist wie ein alter Bahnhof aufgebaut. Zu sehen gibt es u.a. eine alte Dampflok und einen Postwaggon. Viele der ehrenamtlichen Mitarbeiter haben bei der Bahn gearbeitet und warten auf neugierige Fragen. *Ndr. Strandvej 8 | Juni–Sept. Mo–Fr 11–16 Uhr | 50 DKK | dbj.dk | 45 Min.*

MARTIN ANDERSEN NEXØ MUSEUM

Das Elternhaus von Martin Andersen Nexø, der auf Bornholm aufwuchs, ist heute ein Museum. Es zeigt Erinnerungen aus dem Leben des großen Bornholmer Schriftstellers. *Ferskesøstræde 36 | Mitte Mai–Mitte Okt. Di–Fr 13–16, Sa 10–13 Uhr | 50 DKK | andersennexoe.dk*

SOMMERFUGLEPARK

Das Tropenland wartet mit Papageien und anderen Vögeln auf, vor allem aber mit *sommerfugle,* wie Schmetterlinge auf Dänisch heißen, in ungeahnter Vielfalt und in allen Stadien ihres Daseins. *Gamle Rønnevej 14b | Mai–Sept. tgl. 10–17 Uhr | 115 DKK, Kinder bis 12 Jahre 75 DKK | sommerfugleparken.dk*

ESSEN & TRINKEN

GAMLE RØGERI

Von der Fast-Food-Fischfrikadelle bis zum edlen Flusskrebsschwanzsalat stehen hier Wassertiere aller Art auf der Karte. Natürlich darf auch der echte Bornholmer nicht fehlen, aber der wird hier etwas anders serviert: Das Bornholmer Gold musst du auf dem Teller unter einem Berg von Schnittlauch und roten Zwiebeln suchen. Sieht gewöhnungsbedürftig aus, schmeckt aber hervorragend, erst recht in Kombination mit dem Brot der Nexøer Bäckerei Mortensen. *Stenbrudsvej 22 | Tel. 56 49 35 22 | April–Okt. tgl. 10–17 Uhr | n-g-r.dk | €€*

INSIDER-TIPP
Schatzsuche in Lauchgewächsen

SHOPPEN

KLUNSERKONGEN

Ein ganz neues Flohmarktkonzept aus Finnland: Auf 600 m² bieten Privatleute ihren Trödel an. Klunserkongen verkauft im Auftrag und erhält eine Provision. Hier findest du Designerkleidung zum Schnäppchenpreis, Glaswaren im skandinavischen Design, stilvolle Kleinmöbel oder gerahmte Kunstdrucke. *Ndr. Strandvej 10 | Mo–Sa 10–17 Uhr | klunserkongen.dk*

SOUVENIRHYTTEN

Souvenirs, Souvenirs! Mal so richtig kitschig, dann wieder erfrischend anders oder auch wirklich brauchbar. Hier gibt es alles, worauf der Bornholm-Schriftzug oder die Umrisse der Insel passen. *Havnen 2 | Mai–Sept. tgl. 12–17.30 Uhr | rimexa.net*

BORNHOLMERSENNEP

In den meisten Küchen Bornholms findet sich ein Glas Bornholmer Senf.

Sein Rezept kennen nur eine Handvoll Menschen. Thomas Arvidsen hat seine wenigen Mitarbeiter der kleinen Produktion in Nexø schriftlich verpflichtet, das Geheimnis der Mischung aus Senfkörnern, Salz, Zucker und Kräutern zu bewahren. Den Senf gibt es in einigen Supermärkten und in Delikatessengeschäften zu kaufen oder direkt in der Senffabrik in Nexø. *Mølleby 16a | bornholmersennep.dk*

RUND UM NEXØ

1 HØSTET

3½ km nördlich von Nexø/15 Min. mit dem Rad

Von wegen Sanddorn hilft nur gegen Erkältungen! Mads und Camilla Meisner zeigen dir auf ihrer Sanddornplantage, was man alles Leckeres aus den orangegelben Beeren herstellen kann. Nach der Führung trifft man sich im Hofladen zum Smalltalk bei Keks- und Käsehäppchen mit Sanddornmarmelade. Dazu gibt es kaltes Bier und Saft, natürlich mit Sanddorn gebraut und verfeinert. Eine telefonische Anmeldung ist erforderlich. *Ibskervej 34 | Tel. 53 54 21 24 | 60 DKK | høstet.dk | H6*

2 AARSDALE ★

5 km nördlich von Nexø/20 Min. mit dem Rad

An der Küstenstraße nach Svaneke liegt die sehenswerte Holländermühle *Aarsdale Mølle* von 1877. In Betrieb ist sie nicht mehr, aber die Besitzer Finn und Jesper Mikkelsen haben hier einen touristischen Anlaufpunkt geschaffen. Sie fertigen Schmuck aus Inselgranit, führen eine Galerie und betreiben ein Café. Für Kinder gibt es einen großen Spielplatz.

Vor über 100 Jahren wurden in der *Aarsdale Silderøgeri | Gaden 2 | Tel. 56 49 65 08 | Mai–Sept. tgl. 10.30–19, Okt.–April Do/Fr 10.30–14, Sa 10.30–16 Uhr | aarsdalesilderoegeri.dk | €€)* die ersten Bornholmer geräuchert. Seither hängen neben Heringen auch andere Fische über dem qualmenden Erlenholz. Qualität und Tradition werden hier großgeschrieben. Das schmeckt man – im Sommer wird es hier richtig voll. Besonders beliebt sind die Außenplätze mit wunderschönem Blick aufs Meer.

„Bildkünstlerin" nennt sich die Malerin *Lise Elvang (Indenmarken 2 | Tel. 56 49 74 71 | liseelvang.wordpress.com).* Sie experimentiert mit Farben und Materialien, schafft Objekte rein dekorativer wie auch nützlicher Art (z. B. Lampen) und lässt sich keinem Schema zuordnen. Das macht einen Besuch bei ihr – möglichst nur nach telefonischer Anmeldung! – spannend und überraschend. *H5*

3 PARADISBAKKERNE ★

6½ km nordwestlich von Nexø/30 Min. mit dem Rad

Die Paradisbakkerne („Paradieshügel") sind ein wunderschönes Naturschutz- und Wandergebiet. Ausgeschilderte Wege mit einer Länge von 2½ km (rote Strecke) und 6½ km (gelbe Strecke) führen durch Felsschluchten, Mischwald, Heideflächen, Hoch-

moore und vorbei an Seen und Tümpeln. Der berühmte Wackelstein *(Rokkesten)*, ein Lieblingsziel der Kinder, ließ sich früher angeblich mit dem kleinen Finger bewegen, ist inzwischen aber nur noch sehr schwer in Bewegung zu setzen.
Viele Familien ziehen mit Eimern und Körben in dieses Paradies, um Blaubeeren zu sammeln. Nirgendwo sind sie dicker, nirgendwo wachsen sie in größeren Mengen. Besonders köstlich schmecken sie zu Ymer, einer sahnigen dänischen Joghurtversion. Eine Wanderung durch die Paradisbakkerne findest du im Kapitel „Erlebnistouren". *G–H6*

INSIDER-TIPP
Beerenhunger

4 SANKT BODILS KIRKE

4 km westlich von Nexø/15 Min. mit dem Rad

Bornholm hat viele schöne Kirchen, aber diese an der Straße nach Aakirkeby ist ein echter Blickfang. Kalkweiß und majestätisch thront sie seit dem Mittelalter auf einem Feld. Sie besitzt zwei Taufsteine, einen von der schwedischen Insel Gotland und einen neueren aus Granit, eine sehenswerte Renaissancekanzel aus dem Jahr 1600 und Runensteine. *G6*

Beliebtes Ziel für Radwanderer: die Windmühle bei Aarsdale

SNOGEBÆK

(H7) **Rund um den Hafen eine etwas willkürlich wirkende Ansammlung bunter Häuser und alter Fischerhütten, ein paar kurze Straßen, an denen sich Boutiquen, Restaurants und Souvenirgeschäfte abwechseln: Was macht das Flair aus, das dieser Ort (700 Ew.) zweifellos hat?**
Vielleicht dies: Snogebæk verbindet deftige Ursprünglichkeit und ein gewisses modisches Etwas: Da tanzen abends Jungurlauber und gestandene Insulaner in Sørens Værtshus zusammen auf dem Tisch, eine Ecke weiter, in Den Lille Havfrue, genießen schicke Segler, deren Yacht hier für eine Nacht festgemacht hat, cognacflambierte Scampi.

ESSEN & TRINKEN

DEN LILLE HAVFRUE

„Die Kleine Meerjungfrau" gehört zu den beständigen Adressen in der Snogebæker Restaurantszene. Hier findet jeder etwas: Es gibt traditionelle dänische Fisch- und Fleischgerichte, vegetarische Speisen und Angebote für Kinder. *Hovedgade 5 | Tel. 56 48 80 55 | mittags geschl. | denlille havfruebornholm.dk | €€*

SØRENS VÆRTSHUS ★

Sörens Wirtshaus ist die urigste Kneipe östlich von Kopenhagen. Die einstige Fischerhütte ist seit 1972 ein Treffpunkt alteingesessener Fischer und langjähriger Bornholmfahrer. Im Sommer gibts Livemusik von lokalen und nationalen Künstlern. In der Kneipe herrscht immer Feierstimmung und es wird gesungen und getanzt. Dazu gibt es Bier vom Fass und die legendäre *pan pizza* nach US-amerikanischer Art. *Hovedgade 1g | Tel. 56 48 80 20 | Mai–Sept. tgl. | sørens værtshusbornholm.dk | €€*

SHOPPEN

Entlang der Hauptstraße *(Hovedgade)* finden sich Boutiquen und Souvenirläden von Kunsthandwerk bis Souvenirklimbim. Originell ist der *Bo Bendixen Shop (Hovedgade 10 | tgl. 10–18 Uhr | bobendixen.dk),* wo du eine große Auswahl ungewöhnlicher T-Shirts, Sweatshirts und Jacken bekommst. Für Leckermäuler lohnt sich ein Abstecher zu *Kjærstrup (Hovedgade 9),* wo handgemachte Schokolade angeboten wird. Auch die *flødeboller* (Schokoküsse) sind zu empfehlen.

Ein Sandmeer: Die Strände von Balka und Snogebæk gehen ineinander über

RUND UM SNOGEBÆK

5 HUNDSEMYRE

1 km nordwestlich von Snogebæk/ 15 Min. zu Fuß

In dem Moorgebiet sind Graureiher, Fischadler, Bussarde, Weihen und viele Entenarten zu Hause. Eine Rundwanderung dauert etwa eine Stunde. Während der Brutzeit von Mitte März bis Mitte Juli darf man nicht ins Moor, kann aber die Vögel von einem Turm aus beobachten. *H7*

6 BALKA

2½ km nördlich von Snogebæk/ 10 Min. mit dem Rad

Von Snogebæk bis zum kleinen Hafen von Balka erstreckt sich der schönste Strand der Insel, breit und kinderfreundlich. Die Wasserqualität ist ausgezeichnet und du kannst dich zwischen belebten Abschnitten und ruhigen Ecken entscheiden. *H7*

DUEODDE & SØMARKEN

(F-G8) **An heißen Sommertagen liegt ein Hauch von Sonnenöl und Grillkohle über den Dünen.**

Parkplätze und Zufahrtswege sind zugestellt, vor den Kiosken muss man Wartezeiten in Kauf nehmen. Aber schon Anfang September, wenn sich im Waldgebiet hinter den Dünen große Vogelschwärme zum Zug nach Süden sammeln, kehrt wieder Ruhe ein.

SIGHTSEEING

DUEODDE FYR

Beim Besuch des Leuchtturms bekommst du gleich zweimal Schnappatmung! Zuerst, wenn du die 47 Höhenmeter über 196 Stufen zurücklegst, und danach vom Panorama, das du vom Aussichtsplateau genießt. Aber auch von außen macht der weiße, schlanke Turm was her. Kleiner Nervenkitzel: Bei windigem Wetter schwankt der Turm ein wenig. *Ostern–Sept. Di–Do und So 11–14 Uhr | 10 DKK | facebook.com/dueoddefyrtaarn | 30 Min.*

ESSEN & TRINKEN

CAFE SLUSEGAARD & ANJAS JULELADE

Das schrägste Café auf der Insel! Oder hast du schon mal im Sommerurlaub Weihnachtssterne und Adventsgestecke gebastelt? In Anjas Julelade kann man sein Strandgut gleich mit verarbeiten. Im weihnachtlich geschmückten Café gibt es leckeren Kuchen aus Inselzutaten und Bornholmer Most. Auch die Auswahl an Gesellschaftsspielen von Schach bis Monopoly ist riesig. *Strandvejen 10 | Tel. 26 71 80 45 | tgl. 11.30–17 Uhr | cafe-slusegaard.dk*

BAKKARØGERIET

Zur Tradition gehört ein Besuch in der kleinsten Räucherei der Insel, der einzigen übrigens, wo abends weitaus mehr los ist als mittags. Hier treffen sich in der Saison Ferienhausbewoh-

Der Dueodde-Strand ist so lang, dass man unterwegs schon mal eine warme Mahlzeit braucht

ner der Umgebung, Jazzveteranen aus Rønne und Kopenhagen, Jung und Alt: Chef Jack Lauwersen steht auch gerne mit seinen Kindern und Enkeln auf der Bühne oder Dixielandbands, irische Folkgruppen und skandinavische Rocksänger heizen den Gästen ein. *Østre Sømarksvej 29 | Tel. 50 93 78 09 | tgl. | bakkaroegeriet.dk | €€*

KADEAU

Die Lage: ein Logenplatz in den Dünen der Vestre Sømarken. Das Restaurant: eine ehemalige Strandimbissbude, lässig aufgefrischt, mit einer Spur Eleganz. Die Besitzer: zwei Bornholmer, Nicolai Nørregaard und Rasmus Kofoed, die nach dem Studium in Kopenhagen die Gastroszene der Insel aufgemischt haben. Als einziges Restaurant auf Bornholm führt es einen Michelinstern.

INSIDER-TIPP
Essbare Blumenwiese

Der Bornholmer Pfannkuchen *palthæsta,* der hier serviert wird, ist eine bunte Pracht: Er wird mit brauner Butter, Käse und getrockneten Blumen gebacken. *Baunevej 18 | Tel. 56 97 82 50 | stark gestaffelte Öffnungstage und -zeiten, Reservierung und Anzahlung von 600 DKK erforderlich | kadeau.dk | €€€*

STRÄNDE

Nach dem 500 m langen Anmarsch über einen Holzsteg wirst du dich fragen: Sansibar oder die Südsee? Der Vergleich ist wirklich kaum übertrieben: ein endloser weißer, puderzuckerfeiner Sandstrand und dahinter das türkisfarbene Wasser. Der ★ *Strand von Dueodde* ist wohl der schönste Badestrand in Dänemark, wenn nicht sogar in Skandinavien. Okay, die Palmen fehlen, aber dafür gibt es Dünen und Sandbänke, so weit das Auge reicht.

RUND UM DUEODDE

7 SLUSEGAARDENS VANDMØLLE

6½ km westlich von Dueodde/ 25 Min. mit dem Rad

Ein schönes Ziel für einen Wander- oder Fahrradausflug: In herrlicher Heide- und Dünenlandschaft zwischen Strandmarken und Sømarken kann man sich hier eine etwa 200 Jahre alte, gut erhaltene Wassermühle und die – allerdings spärlichen – Reste einiger Gräber aus der Eisenzeit anschauen. Von hier führt ein traumhafter *kyststi* – einer der alten Küstenpfade – zum kleinen Fischerhafen von *Bakkerne*. *F8*

8 SANCT POVLS KIRKE ★

6 km nordwestlich von Dueodde/ 20 Min. mit dem Rad

Die dem Apostel Paulus geweihte Kirche wurde etwa 50 Jahre später als Peders Kirke gebaut; sie ist viel schöner. Besonders der frei stehende Glockenturm ist ein beliebtes Fotomotiv. Für Kunstinteressierte: Es gibt Kalkmalereien und im Chorbogen befindet sich ein Paulusrelief mit Runeninschrift. *G7*

9 PEDERSKER

10 km nordwestlich von Dueodde/ 35 Min. mit dem Rad

In dem kleinen Ort steht die urige *Sankt Peders Kirke (tgl. 9–20 Uhr | pederskerkirke.dk)* mit einem Taufbecken von 1575 und Grabsteinen aus dem 17. Jh. Claus Broe fertigt in seinem Laden *Broe & Co (Trekanten 1 | broecompany.dk)* filigrane Taschen, Schuhe und Gürtel aus feinem Leder – jedes Teil ein Unikat! Als Jesper Paulsen 2000 den ersten Rebstock bei Pedersker pflanzte, glaubte niemand an den Erfolg. Heute gehört er zu den größten Winzern des Landes. Bei einer Besichtigung des Weinguts *Vingården Lille Gadegård (Søndre Landevej 63 | Tel. 21628857 | tgl. 11–22 Uhr | a7.dk)* informiert er über den Weinbau auf der Insel und erzählt bei der anschließenden Weinprobe so manche Anekdote. Das Sortiment wurde im Lauf der Jahre um Branntwein, Fruchtwein und Whisky erweitert. *F7*

10 BODERNE

15 km westlich von Dueodde/50 Min. mit dem Rad

Die kleine Ortschaft liegt an einem sehr schönen Strandabschnitt auf halbem Weg zwischen Dueodde und Arnager. Sie war früher der Hafen von Aakirkeby im Inselinnern. Hier kannst du am *Lystbådehavn* ganzjährig in zwei modernen Strandhütten *(udinaturen.dk/shelter/1386)* am Strand schlafen und nachts die dicken Pötte vorbeiziehen sehen, denn hier verläuft der Seeweg von Trelleborg nach Klaipeda. Reservieren kann man die sogenannten Shelter allerdings nicht: Man geht einfach hin. Wenn frei ist, kann man dort kostenlos übernachten; wenn nicht, hat man Pech gehabt. Im *Strandcaféen (Boderne 1 | tgl. 11–18 Uhr | Facebook)* gibt es den besten Kaffee und den leckersten Kuchen im Inselsüden. *E7*

INSIDER-TIPP
La-Le-Lu am Seeweg nach Klaipeda

AAKIRKEBY

(🕮 E6) **Neben der größten, ältesten und – von den Rundkirchen abgesehen – auch kunsthistorisch wichtigsten Kirche locken in Aakirkeby (2100 Ew.) zwei tolle Museen.**

Im Mittelalter wurden von Aakirkeby aus die Geschicke Bornholms bestimmt, doch 1510 brannten die Lübecker den Ort nieder. Von diesem Schlag sollte sich Aakirkeby nie mehr richtig erholen. Der Hafen an der Südküste versandete, die Stadt fiel in eine Art Dornröschenschlaf. Erst mit dem Bau der Eisenbahn Anfang des 20. Jhs. kam ein Aufschwung in die Stadt. Heute, längst wieder ohne Eisenbahn, ist Aakirkeby ein freundliches Ackerbürgerstädtchen, das auch Blumenstadt genannt wird: Privatleute und Gewerbetreibende haben in der ganzen Stadt Blumenkübel aufgestellt. Im Sommer verwandelt sich die Stadt in ein blühendes Paradies und es duftet herrlich!

SIGHTSEEING

AAKIRKE ★

Das älteste, größte und neben den Rundkirchen auch bedeutendste Gotteshaus, der „Bornholmer Dom", ist Johannes dem Täufer geweiht. Sicher ist dies auch der Grund für die Pracht des Taufbeckens, aus gotländischem Sandstein im 12. Jh. gefertigt. Aus dieser Zeit stammen auch die romanischen Ursprünge der Aakirke. Runensteine in der Vorhalle, eine wunderschöne Kanzel und ein Altar vom gleichen Meister, Jacob Kremberg aus Schonen, im Jahr 1600 im Renaissancestil geschnitzt, sind weitere Sehenswürdigkeiten. *Tgl. 8–17 Uhr | aa-kirke.dk*

Erlebnis- und Mitmachmuseum: kein Wunder, dass auch Kids Natur Bornholm cool finden

NATUR BORNHOLM ★

Gut 12 Mio. Euro waren verbaut, als der spektakuläre Granitblock vor den Toren Aakirkebys eröffnet wurde – bestens angelegtes Geld. Denn das Museum hat sich zu einem der großen Besuchermagneten der Insel entwickelt – zu Recht. Das Museum für Flora und Fauna, für Geologie und Erdgeschichte ist ein lehrreicher, spannender Abenteuerspielplatz. Schautafeln, Filme, Dioramen, aber auch Biologen, Botaniker, Ranger vermitteln ein Bild von Natur und Umwelt, wie es plastischer, lebendiger, ja fröhlicher kaum möglich sein könnte. Zu den beliebtesten Attraktionen gehört das große Aquarium. Hier kannst du dich über das Leben im Meer informieren und das bunte Treiben der Fische und Muscheln im Wasser beobachten. *Grønningen 30 | April–Okt. tgl. 10–17 Uhr | 125 DKK | naturbornholm.dk*

BORNHOLMS AUTOMOBILMUSEUM

Hier stehen 80 alte Wagen und „Krafträder", liebevoll gepflegt und präsentiert, die das Herz aller Autofans höher schlagen lassen: z. B. Singer, Morgan, Adler, Delahaye, Jaguar und BMW. Neben den Oldtimern ist eine komplett eingerichtete Werkstatt aus den 1920er-Jahren zu besichtigen. Und noch mehr: Dampfradios und Grammofone, Bornholms erstes Fernsehgerät, eine Sammlung historischer Automobilzeitschriften und viel Kurioses aus den Tagen, als die Technik auf der Insel laufen lernte. *Grammegårdsvej 1 | Mai–Okt. Mo–Sa 10–16 Uhr | 60 DKK | bornholmsautomobilmuseum.dk*

ESSEN & TRINKEN

STEFF'S PLACE/ ÅKIRKEBY GRILLEN

Wenn Steff Houlberg dich auffordert, „in einem Wurstwagen verrückt zu werden" *(Gå amok i en pølsevogn)*, dann solltest du mit leerem Magen antanzen. Gemeinsam mit einem Partner deiner Wahl kannst du eine Stunde lang so viele Hotdogs essen, wie du schaffst. Ob du dabei mit literweise Bier nachspülst, ein dänischer Bitter wieder Platz im Magen schafft oder du durch lautes Rülpsen in Schnappatmung übergehst: Hauptsache, du hast Spaß dabei ... *Kirkepladsen 2 | tgl. 11–20 Uhr | 349 DKK | steffsplace.dk*

INSIDER-TIPP
Die Hotdog-Challenge

SHOPPEN

BORNHOLMS PLUK SELV BLOMSTER

Langstielige Gladiolen, blühende Pfingstrosen, hellgelbe Sonnenblumen, farbenfrohe Tulpen und über 100 andere Blumensorten kannst du hier selber pflücken und deinen eigenen Strauß kreieren. *Fårebyvejen 3 | im Sommer tgl. | Facebook*

ALMINDINGEN

(D–F5) **Bornholmneulinge, zum ersten Mal abseits der Strände und Klippen auf Tour in ★ Almindingen,**

sind meistens völlig verblüfft: So viel Grün, so viel abwechslungsreiche Natur haben sie nicht erwartet. Da sind die inseltypischen Spaltentäler, einige mit Wander- und Radwegen durchzogen, andere naturbelassen, stille Reviere für „Pfadfinder". Flüsschen und Bäche winden sich durch diese engen Täler. Auf Wanderungen oder Radtouren überraschen Moorlandschaften und Wälder, wie es sie so vielfältig nirgendwo in Dänemark noch einmal gibt. Über ein Fünftel der Inselfläche ist Wald!

Der Name Almindingen besagt, dass hier die Allgemeinheit (Allmende) seit dem Mittelalter einen Weideplatz hatte. Noch früher war die Gegend von vegetationsreicher Hochheide bedeckt. Aber nachdem das Vieh über Jahrhunderte alles kahl gefressen hatte, trat um 1800 der Oberförster Hans Rømer auf den Plan. Gegen den Widerstand der Bauern setzte er eine Aufforstung durch und ließ eine fast 10 km lange Mauer um den Forst errichten, damit das Vieh nicht an die frischen Setzlinge kam (an einigen Stellen sind heute noch Mauerreste zu erkennen). Aus der ehemaligen Rømer-Plantage ist inzwischen ein abwechslungsreiches Wanderrevier geworden. Drei gut gekennzeichnete Wege (3, 4 und 5 km) führen durch die schönsten Teile.

ZIELE IN ALMINDINGEN

11 EKKODALEN

Der knapp einstündige Weg zur längsten und aufregendsten Felsschlucht der Insel beginnt am Forsthaus Springbakke an der Straße nach Vestermarie. Von dort führt ein steiler Anstieg bis zu einem Aussichtspunkt. Wer bis dahin nicht aus der Puste gekommen ist, dem verschlägt womöglich der traumhafte Panoramablick den Atem. Der Abstieg ins eigentliche Echotal ist beschwerlich, der Blick vom *Fuglesangsrenden* (beim Parkplatz Traktørsted) wird den meisten genügen. *E5*

12 RYTTERKNÆGTEN

Der „Knappe" (wörtlich: Reiterknecht) ragt 162 m in die Höhe und ist damit Bornholms höchste Erhebung. Vom *Kongemindet,* dem Gipfelturm aus Granit, 1856 zur Erinnerung an den Besuch von König Frederik VII. errichtet und 1899 noch einmal um 9 m verlängert, schaust du sogar aus 184 m in die Weite. *E5*

13 LILLEBORG & GAMLEBORG

Bis ins 13. Jh. versuchten die Könige von der Mitte der Insel aus den Machtgelüsten des Erzbischofs aus Lund zu trotzen. 1259 scheiterte dieser Versuch endgültig; das bischöfliche Heer zerstörte die mächtige *Lilleborg* (die „Kleine Burg"), von deren Ruinen auf einem Felsen oberhalb des Waldsees Borresø Reste zu sehen sind. Sie muss prächtig ausgestattet gewesen sein – zum ersten Mal in Dänemark wurde hier Fensterglas verwendet. Sehr viel älteren Ursprungs sind die Reste der *Gamleborg,* der „Alten Burg". Sie war im frühen Mittelalter Fluchtburg. *E5*

14 TRABRENNBAHN BORNHOLMS BRAND PARK

Einen Hut brauchst du nicht, denn auf der Bornholmer *travbane* geht es an

Hier gehts rund im Oval: Traber auf der Rennbahn in Almindingen

Renntagen locker zu. Hier wird gepicknickt und Kinder toben auf dem bahneigenen Spielplatz. Du musst nur auf das richtige Pferd setzen und kannst beim Wetten absahnen. Viel Glück! *bornholmsbrandpark.dk* | *E5*

15 BISONSKOVEN

2012 kamen unter großem Presseecho sieben neue Einwohner aus Polen nach Bornholm: Sechs Wisentkühe und ein -stier. Zwei Jahre später wurden vier Kälber geboren. Die Naturschutzbehörde will dadurch einerseits einen Beitrag zur Erhaltung dieser größten Wildtiere Europas schaffen, die nicht umsonst auch Europäische Bisons genannt werden. Andererseits geht es auch um die Biodiversität: Die Wisente sorgen dafür, dass der Wald nicht zu dicht wächst und dadurch insgesamt artenreicher wird. Das Areal der Wisente, der Bisonskoven, ist eingezäunt und über den Christian-X-Vej zugänglich. Im Lauf der Jahre habe die Tiere ihre Scheu verloren und sich gut eingewöhnt. Wer sich ruhig verhält, kann die Tiere mit etwas Glück gefahrlos aus nächster Nähe betrachten. *short.travel/bor7* | *E–F5*

SCHÖNER SCHLAFEN IM SÜDEN

SEELENÖFFNER AM STRAND

Im *Eco Beach Camp (Vestre Strandvej 37–39 | Tel. 53 62 98 76 | ab 400 DKK pro Zelt | ecobeachcamp.dk)* steht dein Zelt direkt am herrlichen Strand von Balka, du erwachst mit dem Rauschen der Ostsee, spürst den Sand zwischen den Zehen und entspannst beim Yoga. Abends lauschst du am Lagerfeuer den Klängen einer Gitarre, grillst Stockbrot und genießt den Sonnenuntergang.

ERLEBNIS TOUREN

Lust, die Besonderheiten der Region zu entdecken? Dann sind die Erlebnistouren genau das Richtige für dich! Ganz einfach wird es mit der MARCO POLO Touren-App: Die Tour über den QR-Code aufs Smartphone laden – und auch offline die perfekte Orientierung haben.

1 BORNHOLM PERFEKT IM ÜBERBLICK

- Baden vor historischer Kulisse
- Picknick mit Adlern
- Bornholmer mit Hafenpanorama

Start: Rønne
Ziel: Rønne
Strecke: gut 110 km
Dauer: 4 Tage, reine Fahrzeit ca. 7–9 Stunden
Info: Die Strecke folgt in weiten Teilen der Cykelrute 10.

TAG 1
1 Rønne
3 km
2 Blykobbe Plantage

Du startest am Hafen in **1 Rønne** *und biegst am Hafenausgang links ab auf die Cykelrute 10. Hinter dem Ortsausgang macht der Weg einen Schlenker in den Wald* **2 Blykobbe Plantage**. Hinter dem verästelten Busch-

Hier kommst du an, hier gehts los: Altstadt von Rønne

INSIDER-TIPP
Schwarzer Vitamin-C-Spender

werk erheben sich Fruchtsträucher. Wenn du die stachligen Äste zur Seite schiebst, kannst du gesunde Brombeeren direkt vom Strauch naschen und bekommst einen extra Vitaminschub für deine Radtour. Du fährst weiter und erreichst ❸ **Hasle** ➤ S. 51. Mach hier eine erfrischende Badepause im **Havnebad** vor der historischen Ortskulisse mit der gotischen Kirche.

Dann setzt du die Fahrt in nördlicher Richtung fort, passierst den Hafen und radelst danach entlang eines schroffen Küstenabschnitts. Erkunde ❹ **Helligpeder** ➤ S. 56 – es ist das kleinste Dorf der Insel! *Der Radweg führt weiter durch den ehemaligen Steinbruch* ❺ **Ringebakker**, der zu den ursprünglichsten Küstenabschnitten der Insel gehört. Die ganze Gegend liegt voll mit Granitsteinen – ideale Sitzmöglichkeiten, um eine Pause einzulegen. *Jetzt sind es nur noch wenige Kilometer* bis ins ursprüngliche Fischerdorf ❻ **Vang** ➤ S. 57 mit idyllischem Hafen. *Nördlich querst du* ❼ **Slotslyngen** ➤ S. 66. Halte hier an für einen kleinen Spaziergang durch die Heide. *Dein Etappenziel ist* ❽ **Allinge** ➤ S. 62. Zum Abendessen geht es in **Nordbornholms Røgeri**: Genieß „Bornholmer Gold" und dazu ein Inselbier.

8 km
❸ Hasle
4 km
❹ Helligpeder
5 km
❺ Ringebakker
1 km
❻ Vang
3 km
❼ Slotslyngen
4 km
❽ Allinge

TAG 2

4 km

❾ Tejn

6 km

❿ Bornholms Kunstmuseum

0,5 km

⓫ Helligdommen

KUNSTGENUSS AN DER STEILKÜSTE

Heute ist der Weg das Ziel: 15 km schroffe Küste mit Panoramablick. *Ab Allinge folgst du der Hauptstraße immer in südöstlicher Richtung bis Gudhjem und weiter nach* ❾ Tejn ➤ S. 69. *Am Kreisverkehr führt der Radweg für etwa 1 km nach links (Havnevej, Vestkajen, Havnen) und durch das* Hafengelände. Maritimes Feeling: Fischer bringen den Fang nach Hause und trocknen ihre Netze. *Am Ende des Hafengeländes (Østvej) biegst du rechts ab zurück auf die Cykelrute 10. Nach 4 km liegen linker Hand* ❿ Bornholms Kunstmuseum ➤ S. 69 und ⓫ Helligdommen. Wandere nach dem Museumsbesuch ein Stück entlang der Steilküste. Am Himmel drehen Adler ihre Runden – ein schöner Ort zum Picknicken. *Am Nachmittag erreichst du* ⑫ **Gudhjem** ➤ S. 74 und hast noch ausreichend Zeit, den Ort zu erkunden.

BADEN, BADEN, BADEN: STRANDHOPPING

Du verlässt Gudhjem entlang der Hauptstraße südostwärts. Erster Stopp ist der Badestrand von ⑬ **Melsted**. *Weiter geht es südwärts nach* ⑭ **Svaneke** ➤ S. 80. In den bunten Fachwerkhäusern locken viele Kunsthandwerksgeschäfte. *Es geht weiter auf der Cykelrute 10 bis zur Südspitze der Insel. Mach unbedingt einen Stopp am breiten Strand von* ⑮ **Balka** ➤ S. 93. *Von hier sind es nur wenige Fahrminuten bis* ⑯ **Snogebæk** ➤ S. 91 mit seinen kleinen Souvenirgeschäften. Du übernachtest in ⑰ **Dueodde** ➤ S. 93 mit zahlreichen Restaurants und Kneipen.

Hinter Dueodde verläuft der Radweg weiter in nördlicher Richtung und macht in Höhe Ringborgen eine Linksbiegung. Nun radelst du an der Hauptstraße entlang bis zur Bucht ⑱ **Sose Odde** mit schönen Stränden. *Am frühen Nachmittag erreichst du* ⑲ **Arnager** ➤ S. 50 mit seinem idyllischen **Hafen**. Lass dir den Hering in der **Arnager Røgeri** schmecken. *Letzte Station ist die Inselhauptstadt* ① **Rønne** ➤ S. 44, wo du zum Abschluss einen Cappuccino im Straßencafé genießen und vorbei an urigen Läden durch die Gassen bummeln kannst.

6 km
⑫ Gudhjem

TAG 3
2 km
⑬ Melsted
14 km
⑭ Svaneke
13 km
⑮ Balka
2 km
⑯ Snogebæk
5 km
⑰ Dueodde

TAG 4
18 km
⑱ Sose Odde
5 km
⑲ Arnager
10 km
① Rønne

② MIT DEM RAD VON NORD NACH SÜD QUER ÜBER DIE INSEL

- **Rauf auf den Leuchtturm und die atemraubende Aussicht genießen**
- **Wasservögel an den Moorseen beobachten**
- **Dänisches Savoir-vivre: Weinprobe beim Inselwinzer**

Start: Allinge
Ziel: Dueodde
→ knapp 75 km
Fahrrad: 1 Tag, reine Fahrzeit ca. 5½ Stunden

❶ Allinge

4 km

❷ Hammersø

1 km

❸ Hammer Fyr

10 km

❹ Sankt Ols Kirke

5 km

Vom Touristenbüro in **❶ Allinge** ➤ S. 62 *radelst du westwärts zum Moseløkkenhus. Dort biegst du rechts ab, am Ende der Straße erneut rechts und erreichst so den Parkplatz am* **❷ Hammersø** ➤ S. 66. Wandere einmal um den See, der von schroffen Felsen und grünem Wald umgeben ist. *Folg dann dem Waldweg in Richtung Küste bis zum Leuchtturm* **❸ Hammer Fyr** ➤ S. 66 (spektakuläre Aussicht!). *Dann radelst du zurück bis zum Moseløkkenhus und setzt die Fahrt südwärts durchs Heidegebiet Slotslyngen fort. Hinter dem Paradisdalen führt der Radweg nach links zur* **❹ Sankt Ols Kirke** ➤ S. 67, die beim Betreten an ein Iglu erinnert. *Es geht weiter nach Süden* durch ❺ Rutsker Højlyng ➤ S. 68 mit dem über 20 t schweren Wackelstein Rokkesten – ein schöner Picknickplatz. Natur pur auch in ❻ Spellingemosen: In den kleinen Moorseen kannst du Wasservögel studieren, dich im Wald Rø Plantage ➤ S. 78 verirren und im ❼ Nordre Borgedal Damwild beobachten. *Am Parkplatz Langemyr fährst du links in Richtung Lundehus bis kurz hinter dem Nordvej (500 m). Hier beginnt ein markierter, ca. 30-minütiger Wanderweg durchs Nordre Borgedal.*

STÄRKUNG MIT KUCHEN ODER FISCH

Jetzt radelst du durch die schattigen Wälder von Almindingen. *Hinter der Trabrennbahn biegst du links ab nach Østermarie.* Bedien dich in ❽ Fru Petersens Café ➤ S. 83 am Kuchenbuffet oder probier die leckeren Fischhäppchen. *Dann radelst du bis zur Trabrennbahn zurück, biegst links ab und folgst dem Radweg bis* ❾ Aakirkeby ➤ S. 96. Blühende und duftende Schönheiten warten auf dich in der Blumenstadt. *Anschließend folgst du dem Radweg in östlicher Richtung und biegst bei Smålyngen rechts ab nach Pedersker.* Probier bei ❿ Lille Gadegård ➤ S. 95 ein Gläschen Wein – du bist schließlich schon kurz vor dem Ziel! *Schräg gegenüber der Peders Kirke führt der Radweg weiter nach Süden und direkt nach* ⓫ Dueodde ➤ S. 93: *Rad am großen Parkplatz abstellen*, Badezeug raus und ab an den feinsandigen Strand!

❺ Rutsker Højlyng
2 km
❻ Spellingemosen
4 km
❼ Nordre Borgedal
18 km
❽ Fru Petersens Café
12 km
❾ Aakirkeby
8 km
❿ Lille Gadegård
10 km
⓫ Dueodde

❸ HEIDELANDSCHAFT, KLIPPEN UND EIN WASSERFALL

- ➤ Eine Ruine mit Weitblick bis nach Schweden
- ➤ Fotostopp an Dänemarks drittgrößtem Wasserfall
- ➤ Im Meer schwimmen und durch eine Schlucht wandern

Start: Bushaltestelle Hammershus
Ziel: Bushaltestelle Hammershus
Strecke: 8 km
Dauer: 5 Stunden, reine Gehzeit ca. 2½ Stunden
Schwierigkeit: leicht

Von der ❶ **Bushaltestelle Hammershus** *gehst du zur Straße und folgst dieser etwa 200 m in südlicher Richtung. Rechter Hand führt ein Pfad in den dunklen Laubwald. Nach wenigen Metern kreuzt du den Hauptwanderweg und läufst in nordwestlicher Richtung bis zum* ❷ **Hammershus** ➤ S. 66. Bei gutem Wetter reicht der Blick bis nach Schweden! *Dann geht es südwärts durchs Mølledalen.* Mit etwas Glück hörst du den Gesang einer Nachtigall.

- ❶ **Bushaltestelle Hammershus**
- 650 m
- ❷ **Hammershus**
- 1550 m
- ❸ **Mulekleven**
- 1050 m
- ❹ **Pissebækken**
- 550 m
- ❺ **Vang**
- 1300 m
- ❻ **Egisdalen**
- 1600 m

SKANDINAVISCHE BILDERBUCHSZENARIEN

Nach etwa 1 km wird der Weg steiniger, die Heide ist hier mit Felsen durchsetzt. *Am Ende der ersten großen Felsformation liegt* ❸ **Mulekleven**. Pack das Fernglas aus: Hier brüten zahlreiche Vogelarten, darunter der Alkenvogel *(mule). Es geht weiter Richtung Süden und wieder in den Wald.* Caspar David Friedrich hätte sofort den Pinsel geschwungen bei den romantischen Freiflächen mit Meerblick. Das nordische Panorama geht weiter mit ❹ **Pissebækken**, dem drittgrößten Wasserfall Dänemarks. Der vulgäre Name lässt Platz für Spekulationen – aber im Wasserbecken findest du das klarste Wasser der Insel!

Pause im Fischerdorf ❺ **Vang** ➤ S. 57 – Wanderschuhe aus, Füße übers Hafenbecken baumeln lassen, Knabbereien und Erfrischungen (gibt es im Hafenladen **Bixen**) am Picknicktisch genießen oder am künstlich angelegten Strand **Vang Pier**. *Gestärkt geht es zum Wasserfall zurück, an der Gabelung jetzt aber nach rechts* 81 m hinauf zur höchsten Erhebung von Slotslyngen. *Dahinter kommst du auf den Wanderweg* ❻ **Egisdalen** mit Blick auf grüne, felsige Erhebungen, umgeben von türkisfarbenem Wasser.

Nordostwärts geht es weiter bis zum Parkplatz, der wieder in den Wald führt. Es folgen zwei kleine Gewässer, dann macht der Weg eine Kehre nach rechts und trifft zwei weitere Wanderwege. Du wählst den östlichen Weg zum Aussichtspunkt ❼ **Troldsbjerg**: Heidelandschaft und Felsblöcke, die an Grabsteine erinnern, hinter denen sich das blaue Meerpanorama erstreckt. *Ein kleines Rinnsal führt dich weiter in den dunklen Nadelwald zum* ❽ **Paradisdalen**. Diese Schlucht ist eines der kleinsten Spaltentäler der Insel – trotzdem haben die Felswände eine imposante Wirkung. *Am Ende des Tals, kurz vor der Hauptstraße, biegst du nach links auf einen Pfad ab und erreichst am Slotslyngshus wieder den ausgeschilderten Wanderweg, der dich nach knapp 100 m zur* ❶ **Bushaltestelle Hammershus** *zurückbringt.*

❼ Troldsbjerg
400 m
❽ Paradisdalen
800 m
❶ Bushaltestelle Hammershus

❹ VIELFÄLTIGE NATUR IN DEN „PARADIESHÜGELN“

➤ Trinkpause auf Findlingen
➤ Dem Gesang der Rohrdommeln lauschen
➤ Blaubeeren direkt vom Strauch genießen

Start: Parkplatz Oksemyrevejen
Ziel: Aarsdale
Strecke: 11 km
Dauer: 6 Stunden, reine Gehzeit ca. 2 ½ Stunden
Schwierigkeit: leicht

Du startest am ❶ **Parkplatz Oksemyrevej**. *Nach knapp 200 m biegst du rechts ab und erreichst bald das Hochmoor* ❷ **Gamledam**, das dicht bewachsen ist mit Hängepflanzen und Trockenmoos. Was für ein Farbenspiel! Die roten Blätter des Sonnentaus und das weiße Wollgras kontrastieren im Sommer mit dem hellgrün leuchtenden Torfmoos. *Gleich dahinter passierst du* ❸ **Trommerestene**, eine kleine Ansammlung von Findlingen. Jetzt wird der Weg etwas steiniger und *macht eine Biegung nach links in südliche Richtung.* Willkommen im ❹ **Dybedal**, einem Höhepunkt der Wanderung. Die 2–3 m schmalen Klippenspalten sind charakteristisch für den Paradisbakkerne-Granit. Vorsicht an den Kanten:

❶ Parkplatz Oksemyrevej
700 m
❷ Gamledam
350 m
❸ Trommerestene
350 m
❹ Dybedal
400 m

Einige Spalten reichen metertief hinunter! *Am Ende des Tals folgst du dem Wanderweg nach rechts und erreichst wenig später* den für seine Vogelwelt bekannten Mischwald ❺ **Tamperdal**. Lausch dem Gesang der Rohrdommel und dem Trommelwirbel der Schwarzspechte, wenn sie rhythmisch ihren Schnabel gegen die Baumstämme hämmern. Auch der Pausensnack ist gratis: Blaubeeren frisch vom Strauch! Ein paar Minuten später erreichst du ein weiteres Spaltental, das ❻ **Majdal**.

INSIDER-TIPP
Konzert in freier Wildbahn

❺ Tamperdal
900 m
❻ Majdal
450 m
❼ Midterpilt
950 m
❽ Grydesø
250 m
❾ Rokkesten
1150 m

LASS DIE MUSKELN SPIELEN!

Eine Linksbiegung führt dich auf die Steinpyramide ❼ **Midterpilt**, die den Hütejungen in der Heide einst Orientierung boten. *Du erreichst den Lindsvej und folgst ihm etwa 200 m in südlicher Richtung. Danach geht es nach links und durch das Grydedal bis zum* ❽ **Grydesø**, einem Waldsee mit surrealer Stimmung: dunkel schimmerndes Wasser und meterhohe Bäume. Anschließend darfst du dich wie Herkules fühlen: Schaffst du es, den Wackelstein ❾ **Rokkesten** mit einem Gewicht von mehr als 20 t in Bewegung zu bringen? Viele Wanderer sind daran gescheitert – bis er mit technischen Hilfsmitteln so verlagert wurde, dass er sich von Muskelprotzen jetzt wieder etwas bewegen lässt. *Nach einer Linksbiegung führt der Weg dann nach Fjeldstauan,* einst die erste dänische Jugendherberge, heute ein privates Sommerhaus.

Du wanderst hier weiter bis ⑩ **Klinteby**, eine Gruppe von drei Heidehöfen mit einer Panoramaaussicht über die Hochheide. *Dann geht es weiter nach links über den Klintebyvejen und sofort wieder links zum* ⑪ **Kiosk Lisegård**. Zeit für eine Picknickpause an den gemütlichen Holzsitzbänken! *Der Weg führt dann durch den Wald zurück in nördliche Richtung. Am Ende des Wegs zweigst du rechts ab und wanderst durch das Kodal, an dessen Ende du links und gleich wieder rechts abbiegst.* Letzte Etappe ist der kleine Waldsee ⑫ **Oksemyr** mit üppiger Vegetation. *Dahinter biegst du rechts ab und erreichst so wieder den* ⑬ **Parkplatz Oksemyrevej**.

Jetzt geht es per Auto weiter: Folg den Schildern in Richtung ⑭ **Aarsdale** ➤ S. 90. Die Fischspezialitäten in der **Aarsdale Silderøgeri** musst du probieren. *Nördlich der Røgeri (Strandvejen)* liegt ein kleiner **Badestrand**. Nach der Wanderung ist ein Bad im Meer genau das Richtige.

⑩ Klinteby
450 m
⑪ Kiosk Lisegård
1850 m
⑫ Oksemyr
450 m
⑬ Parkplatz Oksemyrevej
3050 m
⑭ Aarsdale

Nicht nur wenn die Heide blüht ein wirklich paradiesisches Fleckchen: die Paradisbakkerne

GUT ZU WISSEN

DIE BASICS FÜR DEINEN URLAUB

ANKOMMEN

ANREISE

Es gibt drei ganzjährige Fährverbindungen nach Bornholm, die von der dänischen Reederei Bornholmslinjen *(bornholmslinjen.de)* betrieben werden. Die schnellste Verbindung von Deutschland aus führt von Sassnitz auf Rügen nach Rønne (Fahrzeit knapp dreieinhalb Stunden). Eine weitere Verbindung führt von Køge bei Kopenhagen in fünfeinhalb Stunden nach Rønne (Nachtfahrten mit optionaler Kabinenbuchung). Vom schwedischen Ystad gelangst du mit der Schnellfähre in knapp anderthalb Stunden nach Rønne. Die Preise sind je nach Fahrzeug, Saison und Wochentag sehr stark gestaffelt. Überfahrten mit einem PKW mit bis zu fünf Personen kosten zwischen 15 und 175 Euro pro Strecke.

Ab dem polnischen Kolberg fährt ganzjährig einmal täglich eine Personenfähre *(kzp.kolobrzeg.pl)* in knapp viereinhalb Stunden für knapp 50 Euro pro Person und Strecke nach Nexø. Ab Swinemünde auf der polnischen Seite von Usedom geht es mit Polferries *(polferries.com)* und *Unity Line (unityline.eu)* ins schwedische Ystad mit Fähranschluss nach Rønne; es gibt jedoch bisher keine Kombitickets.

Die Fernbuslinie 866 von Bornholmerbussen verbindet Kopenhagen und den Flughafen Kopenhagen-Kastrup in knapp 90 Minuten mit dem Fährhafen Ystad *(ab 14 Euro pro Person und Strecke inkl. Fähticket | bornholmerbussen.dk)*.

SAS *(flysas.com)* bietet ab vielen deutschen Flughäfen eine Verbindung über Kopenhagen an (Hin- und Rückflug ab 145 Euro). Im Juli und August gibt es zweimal wöchentlich eine Verbindung nach Berlin.

Die Insel ist so klein, dass das Fahrrad für viele Strecken das sinnvollste Transportmittel ist

KLIMA & REISEZEIT

Das Klima ist viel beständiger als im restlichen Skandinavien. Im Sommer sind Temperaturen von über 30 Grad keine Seltenheit. Die beste Reisezeit ist von Mitte Juni bis August.

WEITER-KOMMEN

AUTO

Die Höchstgeschwindigkeit in Dänemark liegt außerorts bei 80 km/h auf Landstraßen, auf der Autobahn bei 130 km/h, in Ortschaften bei 50 km/h. Das Abblendlicht muss rund um die Uhr eingeschaltet werden (bei Anreise über Ystad: Das gilt auch in Schweden!). Die Promillegrenze liegt bei 0,5. Falck heißt der (private) Pannendienst in Dänemark; er unterhält eine Station in Rønne *(Tel. 70 10 20 30)*.

In Sachen E-Mobilität ist die kleine Insel ganz groß. Ladestationen mit 22 kW gibt es in fast allen Inselorten. In Rønne *(Ndr. Kystvej 32)*, Nexø *(Toldbodgade 4)* und in Allinge *(Nordbornholms Røgeri)* findest du auch Schnellladestationen mit 50 bzw. 60 kW. Außerdem gibt es vier Tesla-Charger.

FAHRRÄDER

In nahezu allen Orten findest du Fahrradvermietungen. Auch zahlreiche Hotels, Ferienzentren und Campingplätze verleihen Räder. Faustregel für die Kosten: pro Tag ab etwa 10 Euro, pro Woche ab 25 Euro. Mountainbikes, E-Bikes und Tandems sind teurer. Bei wochenweiser Miete sind oft kostenlose Extras enthalten. *Sømarkens Cykeludlejning (soemarkenscykeludlejning.dk)* hat neben einer großen Auswahl an Kinderrädern auch Kinderanhänger und Kindersitze im Programm.

ÖFFENTLICHE VERKEHRSMITTEL

Die BAT-Busse *(bat.dk)* verbinden regelmäßig alle größeren Orte der Insel. Ideal für Ausflügler: Die Busse nehmen auch bis zu vier Fahrräder mit. Inseltageskarten *(150 DKK/24 Std.)* sind auf allen Linien gültig. Mit jedem voll zahlenden Erwachsenen reisen zwei Kinder bis zwölf Jahre gratis mit. Auf der Website findest du alle wichtigen Informationen, die Routen werden angezeigt, Fahrpläne lassen sich herunterladen. Die Website ist ärgerlicherweise nur auf Dänisch verfügbar; aber sie ist so gut gestaltet, dass man sich auf ihr auch ohne Dänischkenntnisse zurechtfindet.

WAS KOSTET WIE VIEL?

Bus	20 Euro *für eine Tageskarte für die ganze Insel*
Hering	um 7 Euro *für einen bornholmer*
Bier	3–4 Euro *pro Flasche im Supermarkt*
Eis	2,50–3 Euro *für ein Softeis*
Benzin	um 1,40 Euro *für 1 l Super*
Souvenir	ab 20 Euro *für eine Keramikschale*

IM URLAUB

FEIERTAGE

1. Jan.	Neujahr
März/April	Gründonnerstag, Karfreitag und Ostermontag
4. Fr nach Ostern	Großer Bettag
Mai/Juni	Christi Himmelfahrt, Pfingsten
5. Juni	Verfassungstag (bis mittags wird gearbeitet)
25./26. Dez.	Weihnachten

Der 1. Mai ist offiziell nicht arbeitsfrei, aber viele Geschäfte schließen ab mittags.

GELD & KREDITKARTEN

Das Preisniveau in Dänemark ist etwas höher als das in Deutschland. Offizielles Zahlungsmittel ist die Dänische Krone (DKK). In allen größeren Orten stehen Geldautomaten zur Verfügung. Kreditkarten sind weit verbreitet, ebenso ec-Karten. Wer Bargeld auf Bornholm umtauscht, bekommt einen etwas besseren Kurs als zu Hause.

INTERNETZUGANG & WLAN

WLAN steht in vielen öffentlichen Einrichtungen kostenlos zur Verfügung. Auch Hotels und Campingplätze bieten gratis oder gegen eine geringe Gebühr einen WLAN-Zugang an. Von den Ferienhäusern ist inzwischen etwa die Hälfte mit einem Internetanschluss ausgestattet. Im Einkaufszentrum *Snellemark (Snellemark 17 | snellemarkcentret.dk)* in Rønne gibt es einen extra WLAN-Bereich. Hier kannst du kostenlos ins Internet und dein Handy aufladen.

ÖFFNUNGSZEITEN

Die meisten Geschäfte haben montags bis donnerstags von 9.30 Uhr bis 17.30

FESTE & EVENTS

RUND UMS JAHR

MAI

Dansefestival Bornholm (ganze Insel), *folkedans-bornholm.dk:* Volkstanzfestival

JUNI

Skt. Hans Aften (ganze Insel): Mittsommernacht mit vielen Johannisfeuern (Foto)

Sol over Gudhjem (Gudhjem): kulinarisches Volksfest mit Kochwettbewerb der besten dänischen Köche

Kulinarisk Ø – Bornholms Madfestival (ganze Insel), *glf.dk:* Food-Events mit kulinarischen Spezialitäten

Folkemødet (Allinge), *folkemoedet.dk:* Volk trifft Politiker

JULI

Havnefest (Snogebæk), *havnefest.dk:* Hafenfest mit Feuerwerk

JULI/AUGUST

Bornholms Musikfestival (ganze Insel), *bornholms-musikfestival.dk:* Konzerte namhafter Künstler

AUGUST

Wonderfestiwall (Slotslyngen), *wonderfestiwall.dk:* Open-Air-Rockfestival

Baltic Sea Tango Festival (Allinge), *balticseatangofestival.com*

SEPTEMBER

Bornholmer Kulturwoche (ganze Insel), *bornholmskulturuge.dk*

Strik Bornholm (Aakirkeby), *Facebook:* Strickfest mit Strick- und Häkelwettbewerben, Workshops etc.

Bornholms Drikkefestival (ganze Insel), *bornholm.info/drikkefestival:* Brauereiführungen, Weinproben, Schnapsverköstigungen usw.

OKTOBER

Bornholms Kunsthåndværkerfestival (ganze Insel)

DEZEMBER

Aakirke Juleby, facebook.com/Aakirkeby: Aakirkeby wird zur Weihnachtsstadt.

Weihnachtsmarkt (Nexø)

Bei so vielen Sonnenstunden wie auf Bornholm fühlen sich auch Schmetterlinge wohl

Uhr geöffnet, freitags bis 18 und samstags bis 13 Uhr. Sonntags sind die Läden normalerweise geschlossen. Viele Supermärkte haben aber auch sonntags geöffnet. Die meisten Restaurants haben schon um 21 Uhr, in der Hauptsaison gegen 22 Uhr Küchenschluss.

POST

Briefmarken bekommst du im Supermarkt und bei der Post in Rønne. Das Porto für Postkarte oder Brief nach Deutschland betrug bei Redaktionsschluss 33 DKK.

TELEFON & HANDY

Die Vorwahl für Dänemark ist *0045,* innerhalb Dänemarks gibt es keine Ortsvorwahlen. Aus Dänemark nach Deutschland: *0049,* nach Österreich *0043,* in die Schweiz *0041.* SIM-Karten für Telefonate, SMS und Internet kannst du in den Supermärkten kaufen. Günstig sind Karten von Telenor. Der Handyempfang ist überall sehr gut.

TRINKGELD

Die Servicegebühr (meist fünf Prozent) ist in Dänemark bereits im Preis enthalten, Trinkgelder sind daher eher unüblich. Ein herausragender Service kann aber durchaus mit einem Trinkgeld belohnt werden.

UNTERKUNFT

Es dominieren Ferienhäuser und die sind liebevoll und mit *hygge* eingerichtet. Hotels und Pensionen finden sich vor allem im Inselnorden, die Ferienhausgebiete sind überwiegend im Süden angesiedelt. In der Inselmitte locken neben Privatunterkünften auch Bauernhofferien. Großen Komfort und luxuriöse Unterkünfte sucht man auf Bornholm vergeblich. Viele Häuser haben Renovierungsbedarf. Die großen Hotels haben einige Umbauten hinter sich; trotzdem gibt es noch viel zu tun.

NOTFÄLLE

DIPLOMATISCHE VERTRETUNG

Deutscher Honorarkonsul: *Peter Vesløv c/o Beck Pack Systems A/S | Sandemandsvej 6 | Rønne | Tel. 56 95 25 22*

GESUNDHEIT

Ärzte, Zahnärzte und das Krankenhaus in Rønne *(Ullasvej 8 | Tel. 38 67 00 00)* haben ein hohes Niveau. Den ärztlichen Notdienst erreichst du unter *Tel. 18 13.*

NOTRUF

- Feuerwehr und Krankenwagen *Tel. 1 12*
- Polizei *Tel. 1 14*

WICHTIGE HINWEISE

AUSKUNFT

Visit Denmark (Islands Brygge 43 | Kopenhagen | Tel. 0045 32 88 99 00 | visitdenmark.de)

INTERNET

Die Website des Tourismusverbands *bornholm.info* bietet vielseitige Informationen u. a. zu Sport, Kunst, Verkehr und Unterkunft. *bornholm.net* hat ein ähnliches Angebot, ist aber kommerzieller gestaltet.

ZOLL

Waren für den persönlichen Bedarf darfst du bei Reisen innerhalb der EU unbegrenzt ein- und ausführen. Richtwerte hierfür sind u. a. 10 l Spirituosen und 110 l Bier. Raucher dürfen sich mit bis zu 800 Zigaretten oder 1 kg Tabak eindecken. Für Schweizer gelten wesentlich engere Freimengen.

GRÜN & FAIR REISEN

Du willst beim Reisen deine CO_2-Bilanz im Hinterkopf behalten? Dann kannst du deine Emissionen kompensieren *(atmosfair.de; myclimate.org)*, deine Route umweltgerecht planen *(routerank.com)* oder auf Natur und Kultur *(gate-tourismus.de)* achten. Mehr über ökologischen Tourismus erfährst du hier: *oete.de* (europaweit); *germanwatch.org* (weltweit).

WETTER AUF BORNHOLM

Hauptsaison
Nebensaison

	JAN.	FEB.	MÄRZ	APRIL	MAI	JUNI	JULI	AUG.	SEPT.	OKT.	NOV.	DEZ.
Tagestemperaturen	2°	2°	4°	8°	14°	19°	20°	20°	17°	12°	8°	5°
Nachttemperaturen	-1°	-2°	-1°	3°	6°	11°	15°	15°	12°	8°	4°	1°
Sonnenschein	1	2	4	6	9	10	8	7	6	3	1	1
Niederschlag	11	9	7	7	7	7	8	8	9	10	11	11
Wassertemperatur	3	2	3	4	7	12	16	17	15	12	8	6

Sonnenschein Stunden/Tag · Niederschlag Tage/Monat · Wassertemperatur in °C

SPICKZETTEL DÄNISCH

SMALLTALK

ja/nein/vielleicht	ja/nej/måske	ja/nai/moßke'
bitte	værsgod	wärßgo
danke	tak	tak
Gute(n) Morgen!/Tag!/ Abend!/Nacht!	God morgen!/dag!/ aften!/nat!	Goh morgen!/dä'!/ aften!/nätt!
Hallo!/Auf Wiedersehen!	Hej!/Farvel!	Hai!/Farwell!
Tschüss!	Hej hej!	Hai hai!
Ich heiße …	Jeg hedder …	Jai hidder …
Wie heißt du?/ Wie heißen Sie?	Hvad hedder du?/ Hvad hedder De?	Wä' hidder du?/ Wä' hidder Di?
Ich komme aus …	Jeg kommer fra …	Jai kommer fra …
Entschuldige!	Undskyld!	Unnßküll!
Wie bitte?	Undskyld?/Hvad?	Unnßküll?/Wä'?
Das gefällt mir (nicht).	Det kan jeg (ikke) lide.	Det känn jai igge li'

ZEIGEBILDER

ESSEN & TRINKEN

Die Speisekarte, bitte.	Spisekortet, tak.	ßpihßekortet, tak.
Könnte ich bitte … haben?	Jeg vil gerne have …	Jai will gerne hä' …
Messer/Gabel/Löffel	kniv/gaffel/ske	kniw/gaffel/ßkeh
Salz/Pfeffer/Zucker	salt/peber/sukker	ßällt/peber/ßukker
Essig/Öl	eddike/olie	eddigge/ohlie
Milch/Sahne/Zitrone	mælk/fløde/citron	mälk/flöhde/ßitrohn
mit/ohne Eis/ Kohlensäure	med/uden is/brus	mehd/uhden ihß/ bruhß
Vegetarier(in)/Allergie gegen …	vegetar/har allergi mod …	vegetarier/har allergie mohd …
Ich möchte zahlen, bitte.	Jeg vil gerne betale.	Jai will gerne betäle.
Rechnung/Quittung	regning/kvittering	raining/quittering
bar/Kreditkarte	kontant/kreditkort	kontänn/kreditkohrt

NÜTZLICHES

Wo ist …?/Wo sind …?	Hvor ligger ….?/Hvor er …?	Wohr ligger …?/Wohr ähr …?
Wie viel Uhr ist es?	Hvad er klokken?	Wä' är kloggen?
heute/morgen/gestern	idag/imorgen/igår	idäh/imor'en/igohr
Wie viel kostet …?	Hvad koster …?	Wä' koßter …?
Wo finde ich einen Internetzugang?	Hvor er der adgang til internettet?	Wohr är der ädgang till internettet?
offen/geschlossen	åben/lukket	oben/lugged
rechts/links/geradeaus	højre/venstre/ lige ud	heure/wännßtre/ lihe uhd
billig/teuer	billig/dyr	billi'/dühr
gut/schlecht	godt/dårligt	gott/dorlitt
Apotheke (Drogerie)	apotek	äpothek
Fieber/Schmerzen	feber/smerter	feber/ßmerter
Hilfe!/Vorsicht!	Hjælp!/Pas på!	Hjälp!/Päß po!
Verbot/verboten	forbud/forbudt	forbuhd/forbutt
0/1/2/3/4/5/6/7/8/9/ 10/100/1000	nul/en; et/to/ tre/fire/fem/seks/ syv/otte/ni/ti/ hundrede/tusind	null/een; eet/toh/treh/ fihr/fämm/ßex/ßüh/ ohde/ni/ti/hunnred/ tuhßinn

URLAUBS FEELING

ZUM EINSTIMMEN & AUSKLINGEN

LESESTOFF & FILMFUTTER

SCHWEIGEMINUTE

Thorsten M. Schmidts Film von 2016 nach der Erzählung von Siegfried Lenz erzählt die Geschichte einer tragischen jungen Liebe in einem Küstenort an der Ostsee in den 1950er-Jahren. Alle Außenszenen wurden in Sandvig gedreht, weil der Hafen noch immer die Ursprünglichkeit von vor 70 Jahren hat.

DAS GRANITGRAB

In dem ausgezeichneten Krimidebüt (2016) der Bornholmer Autorin Pernille Boelskov ermittelt eine junge Vikarin aus Rønne in typisch skandinavischer Manier.

BORNHOLM – FOLK, FÆ & FLERE FOODIES

Das Buch über die Bornholmer Esskultur vom Inselfotografen Anders Beier und der Bornholmer Fooddesignerin Sune Rasborg gewann bei den Gourmand World Cookbook Awards 2017 den Sonderpreis der Jury.

PELLE DER EROBERER

Martin Andersen Nexøs Roman vom Anfang des 20. Jhs. schildert das harte Leben der Bauern, Fischer und Arbeiter. Bille Augusts Verfilmung von 1988 gewann die Goldene Palme von Cannes und einen Auslands-Oscar.

PLAYLIST QUERBEET

0:58

IB MOSSIN – BORNHOLM, BORNHOLM, BORNHOLM
Die bekannte Titelmelodie aus dem Film „Far til fire på Bornholm"

VILHELM HEROLD – OG JEG VIL HA' MIG EN HJERTENSKÆR
Ein weltberühmter Opernsänger und königlicher Kammersänger aus Bornholm

CHRISTOPHER – LEAP OF FAITH
Eine Liebeserklärung des dänischen Sängers an seine Lieblingsinsel

RENE SCHMIDT – HVEM SIDER DER BAG SKÆRMEN
Der Musiker und Inselliebhaber hat Bornholm in vielen seiner Lieder verewigt

DITLEV LUDVIG ROGERT – DER ER ET YNDIGT LAND
Der Musiker lebte lange auf Bornholm und gilt als wahrer Urheber der dänischen Nationalhymne

Den Soundtrack zum Urlaub gibt's auf **Spotify** unter **MARCO POLO Denmark**

Oder Code mit Spotify-App scannen

AB INS NETZ

ACAB.DK
Dutzende Kunsthandwerker empfangen Besuch in ihren oft abgelegenen Ateliers und Werkstätten. Diese Website bietet nicht nur Fotos der Produkte und Biografien, sondern auch Kartenskizzen, wo sie leben und arbeiten.

SOUND OF BORNHOLM
Diese sehr originelle App präsentiert Geräusche aus der Natur Bornholms: Audiosequenzen mit zahlreichen Vogelstimmen aus dem Wald im Inselinneren, von der sandigen Südküste und der Felsküste im Norden.

TYSKLAND.UM.DK
Die Website des dänischen Außenministeriums informiert ausführlich und übersichtlich auf Deutsch über Politik, Wirtschaft, Soziales und vieles mehr.

BORNHOLMMYLOVE.COM
Liebevoll gestalteter Blog einer ehemaligen PR-Beraterin, die mit ihrer Familie nach Bornholm ausgewandert ist.

BORNHOLM.TV
Im Urlaub sind Sonnenuntergänge Pflicht. Diese Webcam steht in Vang und blickt übers Wasser nach Westen.

TRAVEL PURSUIT

DAS MARCO POLO URLAUBSQUIZ

Weißt du, wie Bornholm tickt? Teste hier dein Wissen über die kleinen Geheimnisse und Eigenheiten von Land und Leuten. Die Lösungen findest du in der Fußzeile. Und ganz ausführlich auf den S. 20–25.

❶ Nach wem wurde auf Bornholm eine Straße benannt?
a) Gitte Hænning
b) Brigitte Nielsen
c) Hans Christian Andersen

❷ Wo wird der echte Bornholmer Hering gefangen?
a) In der Ostsee
b) In der Nordsee
c) Im Nordatlantik

❸ Wen kann man jeden Sommer auf Bornholm treffen?
a) Die dänische Fußballnationalmannschaft
b) Hochrangige dänische Politiker
c) Mitglieder des dänischen Königshauses

❹ Wem wurde eine eigene Bank im Wisentgehege im Wald von Almindingen gewidmet?
a) Morten Olsen
b) Königin Margrethe
c) Prinz Henrik

❺ Wo kommt der Bornholmer Blauschimmelkäse auf den Tisch?
a) Bei Angela Merkel
b) Bei der Queen
c) Bei Emmanuel Macron

❻ In welchem Gebäude kann man in Svaneke übernachten?
a) Im Leuchtturm
b) In der Brauerei
c) Im Rathaus

Lösungen: 1a, 2b, 3b, 4c, 5b, 6a, 7c, 8c, 9c, 10a, 11b, 12c

Als „Bornholmer Gold" macht der Hering Karriere. Aber wo kommt er her? Frage 2!

❼ Was ist Orkide?
a) Der höchste Leuchtturm der Insel
b) Der tiefste Hafen der Insel
c) Das kleinste Hotel der Insel

❽ Welche Tiere wurden 2012 im Wald vom Almindingen ausgesetzt?
a) Afrikanische Strauße
b) Australische Kängurus
c) Europäische Bisons

❾ Seit wann gibt es die Bornholmer Variante des Dannebrog, der dänischen Flagge?
a) Seit 1648
b) Seit 1871
c) Seit den 1970er-Jahren

❿ Was landen die meisten der noch etwa 100 Bornholmer Fischerboote an?
a) Dorsch
b) Hering
c) Krabben

⓫ Was ist das Besondere an den vier Bornholmer Rundkirchen?
a) Sie sind katholisch
b) Sie dienten auch als Festung und Lagerhaus
c) Sie gehören zum Unesco-Welterbe

⓬ Wie viele Stunden scheint die Sonne über Bornholm pro Jahr?
a) Knapp 1500 Stunden
b) Zwischen 1600 und 1700 Stunden
c) Mehr als 1900 Stunden

REGISTER

LOB ODER KRITIK? WIR FREUEN UNS AUF DEINE NACHRICHT!

Trotz gründlicher Recherche schleichen sich manchmal Fehler ein. Wir hoffen, du hast Verständnis, dass der Verlag dafür keine Haftung übernehmen kann.

MARCO POLO Redaktion • MAIRDUMONT • Postfach 31 51
73751 Ostfildern • info@marcopolo.de

Impressum
Titelbild: Dünen in Dueodde (Look: H. Dressler)
Fotos: U. Haafke (52); huber-images: R. Schmid (2/3, 16/17, 24/25, 26/27, 29, 47, 57, 62, 75, 81); iStockphoto: CORTUUM (10, 20); Laif: G. Hänel (30, 51, 74, 78, 83, 96, 113), D. Schmid (46); Laif/Le Figaro Magazine: Robin (14/15, 79, 82); Look: H. Dressler (12), T. Rötting (Klappe hinten, 8/9, 37, 68, 70/71, 76, 84/85, 92, 94, 110/111, 120/121), K. Wothe (34/35, 58/59, 100/101, 118/119); mauritius images: T. Ebelt (65), J. Pistorius (48); mauritius images/age: S. Pearce (44); mauritius images/Alamy: M. Fludra (56), M. Svenningsen (28/29); mauritius images/Firstlight (11); mauritius images/hemis.fr: R. Mattes (6/7); mauritius images/imagebroker: K. Wothe (22); picture-alliance: U. Gerig (99); picture-alliance/imagebroker: K. Wothe (33); picture-alliance/NurPhoto: M. Fludra (Klappe vorne außen, Klappe vorne innen/1, 55); picture-alliance/ZB: P. Pleul (40/41, 67, 88, 91, 109); Shutterstock: MrPat (13, 80, 114), Visual Effects South AB (32/33); C. Tietz (123)

12. Auflage 2022, komplett überarbeitet und neu gestaltet

Autoren: Carina Tietz, Bernd Schiller
Redaktion: Nikolai Michaelis
Bildredaktion: Anja Schlatterer
Kartografie: © MAIRDUMONT, Ostfildern (S. 38–39, 102, 104, Umschlag außen, Faltkarte); Kompass Karten GmbH, A-Innsbruck © MAIRDUMONT, Ostfildern (S. 106, 108); © MAIRDUMONT, Ostfildern, unter Verwendung von Kartendaten von OpenStreetMap, Lizenz CC-BY-SA 2.0 (S. 42–43, 60–61, 72–73, 86–87)
Als touristischer Verlag stellen wir bei den Karten nur den De-facto-Stand dar. Dieser kann von der völkerrechtlichen Lage abweichen und ist völlig wertungsfrei.
Gestaltung Cover, Umschlag und Faltkartencover: bilekjaeger_Kreativagentur mit Zukunftswerkstatt, Stuttgart
Gestaltung Innenlayout: Langenstein Communication GmbH, Ludwigsburg
Spickzettel: in Zusammenarbeit mit PONS GmbH, Stuttgart
Texte hintere Umschlagklappe: Lucia Rojas
Konzept Coverlines: Jutta Metzler, bessere-texte.de

Printed in Poland

MIX
Paper from responsible sources
FSC® C018236

MARCO POLO AUTORIN
CARINA TIETZ
Ihre erste Überfahrt von Køge nach Bornholm wird Carina Tietz wohl nie vergessen: Ein Sturmtief tobte über der Ostsee. Bei Windstärke 10 über der Reling hängend, schwor sie, dass sie niemals mehr auf diese Insel reisen würde. Das ist über zehn Jahre her. Seither hat sie viele stürmische Überfahrten erlebt – und keine wird sie jemals davon abhalten, wieder auf ihre Lieblingsinsel zu reisen.

BLOSS NICHT!

FETTNÄPFCHEN UND REINFÄLLE VERMEIDEN

ZU SPÄT BUCHEN

Last minute nach Bornholm kannst du vergessen! Ferienhäuser in guter Lage oder beliebten Feriencentern sind schon Anfang des Jahres ausgebucht. Auch Fährplätze solltest du rechtzeitig reservieren, besonders auf der Route zwischen Rügen und Rønne.

FLAGGE ZEIGEN

Die Dänen sind stolz auf den Dannebrog, die älteste Flagge der Welt. Sie hissen sie überall. Das heißt aber nicht, dass Urlauber auf Bornholm es ihnen nachtun sollten: Das Hissen ausländischer Flaggen, z. B. am Ferienhaus, ist bei Strafe verboten.

UNVORSICHTIG BEIM BADEN

An manchen Bornholmer Strandabschnitten befinden sich Warnschilder, die darauf hinweisen, dass das Baden bei entsprechenden Windverhältnissen lebensgefährlich sein kann. Diese Warnungen solltest du unbedingt ernst nehmen – auch an der bei gutem Wetter so zahmen Ostsee.

DRÄNGELN

Die Dänen sind gelassen und warten geduldig, bis sie dran sind. Daher solltest du besser nicht drängeln – das mögen unsere Nachbarn gar nicht und möchten auch nicht, dass man ihnen am Strand oder in den Dünen zu nah auf die Pelle rückt.

KINDER LAUT AUSSCHIMPFEN

Die Dänen sind auf angenehme Art kinderfreundlich: Sie lassen Kinder gewähren, ohne sie ständig zu gängeln. Was sie gar nicht leiden können: wenn Kinder in der Öffentlichkeit laut angemeckert und ausgeschimpft werden.